AF253072

# PARIS

## C. MARPON ET E. FLAMMARION

ÉDITEURS

RUE RACINE, 26, PRÈS L'ODÉON

# L'ARTICLE DE PARIS

*Il a été tiré, de cet ouvrage, dix exemplaires
numérotés sur papier du Japon.*

# L'ARTICLE DE PARIS

## FANTAISIES

PARIS

## C. MARPON ET E. FLAMMARION

ÉDITEURS

26, RUE RACINE, PRÈS L'ODÉON

*A M. Pierre Véron.*

JANVIER
ELYSEE
MONTMARTRE
Henriot

# L'ARTICLE DE PARIS

## JANVIER

L'almanach a parlé.

Nous avons un an de plus — ou un an de moins à vivre.

On connaît la définition des victimes du 1er janvier : «Un tas de pauvres qui donne à une masse de mendiants. »

Il y aurait un moyen simple d'éviter la foule, ce serait d'aller en hiver aux bains de mer et de passer le 31 décembre à Étretat.

*<br>* *

Tous les corps d'État se sont rendus chez le Président de la République.

Pour les récompenser, M. Grévy a accordé à tous

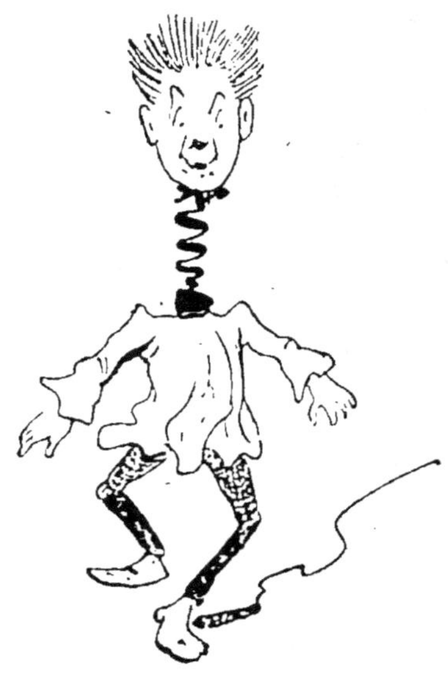

les potaches un jour de congé.

Puis il a gracié six infortunés, qui devaient subir la peine capitale.

Au fait, pourquoi n'imposerait-on pas d'une taxe de trois francs cinquante chaque grâce de condamné à mort, signée par le Président de la République?

D'ici à deux ans, l'équilibre du budget serait rétabli !

*<br>* *

La préfecture de police a donné l'ordre de poursuivre des agences d'un système spécial. Il existe à Paris pas mal de Tricoches, unis à un certain nombre de Cacolets, qui fournissent, moyennant deux francs, les listes d'adresses d'hommes généreux de la capitale.

Un mendiant sérieux, arrivant de province et n'ayant pas beaucoup de relations à Paris, peut faire, d'après ces comptes rendus, des visites pratiques et fructueuses.

1.

D'autant plus que les donateurs sont détaillés avec leur caractère, leur état de fortune et la façon certaine dont on les pince.

.˙.

Nous lisons, au hasard, une des notices :

« X..., banquier, rue Richelieu : de bonne humeur de cinq à six heures. Très sourd : crier fort pour lui faire croire qu'il entend. Se présenter comme Périgourdin. Donne de vingt-cinq à quarante francs. »

Autre échantillon :

« Z..., publiciste, rue Drouot. Se méfier. Donne surtout des bons de pain, quelquefois des billets de spectacle. »

Quel joli Dictionnaire des contemporains on ferait avec ce Vapereau de la charité!

.˙.

Ce n'est pas un événement bien étrange qu'une nouvelle circulaire sur les cochers, mais de même que les rues sont aujourd'hui pavées de voitures, la circulaire du préfet de police est pavée de bonnes intentions.

Il est donc enjoint aux cochers, pour la mille et

unième fois, par la Société protectrice des piétons,
d'aller au pas, ce qu'ils ne faisaient en général que
quand on les suppliait de marcher vite.

La recommandation vraiment nouvelle qui leur
est faite est de maintenir toujours une roue à
soixante-dix centimètres du trottoir.

C'est net et précis. Mais il y aurait une mesure
bien plus simple, à laquelle on n'a peut-être pas
songé : ce serait d'agrandir tout simplement les
trottoirs de cette dose métrique.

Cela augmenterait évidemment l'encombrement
de la chaussée ; mais, au moins, les honnêtes
femmes qui vont à pied auraient la chance de
conserver la vie en même temps que leur vertu !

* *

Regrettez-vous le temps ou Jablokoff, sur terre,
Inondant l'avenue, éclairait l'Opéra?...

Les becs se sont éteints ; la lumière électrique
ne montre plus ses candélabres que sur la place
du Carrousel. Heureusement pour l'électricité, la
petite ville de Bourganeuf a adopté ce mode d'éclai-
rage, et ses trois mille habitants vont briller d'un
éclat nouveau.

Quel honneur pour le Limousin ! Bourganeuf
éclairant son monde !

*⁎*

Echo du ministère de la marine, — le ministère à l'Aube, comme disent les *mathurins*.

L'amiral vient de créer une *Direction des torpilleurs*. Souhaitons qu'elle nous offre quelques expériences sur la Seine.

On sait quel succès eut, à son passage, le fameux torpilleur 68. Que pour les réjouissances du 14 Juillet, la direction susdite fasse au moins sauter deux ou trois bateaux-lavoirs !

*⁎*

Ce n'est pas sans une aimable stupéfaction que nous avons appris la manière dont le pape Léon XIII a taquiné la muse.

Et l'Académie des jeux floraux ne lui a donné ni l'œillet, ni l'églantine !

Il est vrai qu'au lieu de rimer le traditionnel sonnet à la Vierge, le pape alignait des vers latins, et sur quel sujet, dieux immortels !

*Ars Photographica !*

La langue de Virgile célébrant le collodion !
La locomotive et le téléphone se croisant en

dactyles et en spondées! Il n'y a qu'un pape qui puisse se permettre ces facéties!

* *

Une coquille, cette fois-ci cueillie dans un roman :

« La jeune fille baissait les yeux d'un air modiste !... »

Après tout, on peut bien dire modiste... comme une violette !

* *

Le *Courrier des théâtres* nous annonce que la nouvelle pièce d'Henri Meilhac, aux Variétés, s'appellera *Les Demoiselles Clochard*, un M. *Crochard* ayant réclamé pour que son nom ne soit pas sur l'affiche.

Soit. Ce substantif restera immaculé, et les vaudevillistes sont prévenus que c'est un nom à ne pas donner à un personnage. Malheureusement, il y a bien dans le répertoire cent cinquante personnes qui le portent. Voyez-vous un monsieur qui s'appellerait réellement Guibollard, en butte à toutes les plaisanteries mises sur le dos de cet homme infortuné autant que mythologique?

Nous connaissons un auteur célèbre qui, pour éviter des noms connus, prend une série de sub-

stantifs et joint la première moitié de l'un à la
seconde moitié de l'autre. Et il arrive souvent à
former un nom qui est réellement porté par quelqu'un, et le porteur croit qu'on a voulu le dés-
honorer !

Les pompiers se sont dérangés cette semaine pour
attraper, à courir sur les toits en simple caleçon,
un malheureux amant surpris par un mari.

Une scène que nous avons vue jadis jouée au
Palais-Royal et en maints autres lieux.

Triste sort que d'errer, par le temps qui court, sur
le bord des toitures. C'est à dégoûter de l'adultère !

En tout cas, il vaut mieux risquer une rencontre
avec le mari, ce qui est prouvé par l'histoire ci-
dessous, arrivée récemment à un comédien bien
connu.

Du dernier bien avec une dame, laquelle était
d'ailleurs du même dernier bien avec un apothi-
caire, l'artiste en question se trouvait en un mystérieux tête-à-tête, quand les pas du pharmacien se
font entendre dans le corridor.

— Je suis perdue !

— Attendez un peu.

Tabarin éteint la lampe et, au moment où le
pseudo-mari ouvre la porte, il lui allonge un for-

midable coup de poing et se sauve dans l'escalier.

Le lendemain et les jours suivants, l'artiste cruel entrait à la pharmacie et demandait à sa victime, ornée d'un gigantesque bandeau, deux sous de pâte de guimauve !

****

On a annoncé la création d'un Guignol lyrique, boulevard des Capucines. On y représentera, dit-on, des fragments du *Barbier*, des *Noces de Jeannette* et du *Toréador*.

Pourquoi n'y ferait-on pas plutôt essayer les œuvres qui attendent leur tour à l'Opéra, à l'Opéra-Comique ou dans un théâtre d'opérette ?

Si la pièce avait du succès en petit, on la monterait en grand. Ce serait un essayage auquel tout le monde trouverait son compte, et on ne donnerait sur la scène que des pièces ayant des chances de succès. Quel rêve !

****

M. Clovis Hugues a beau se plaindre des quémandeurs, les braves électeurs ne cesseront pas de demander avec une patience inébranlable.

Jean Hiroux, accusé d'avoir pris de l'argent dans la poche d'un homme riche, s'écriait héroïquement : « Il fallait bien que je le prenne quelque part ! »

De même, on est bien forcé de s'adresser à son député, quand on éprouve le besoin de demander un bureau de tabac.

Notez qu'avant les élections, le candidat jure à ses électeurs qu'il fera droit à toutes leurs demandes. Une fois élu, il ne connaît plus personne.

C'est bien humain, mais ce n'est pas logique !

Petite définition :

GARDE-MALADE : Une mère-veilleuse.

Un ordre de l'archevêché qui va réjouir bien des jeune mariés ! On supprime le défilé, dans la sacristie, de toutes les vieilles tantes et des parents au crâne chauve qu'il fallait embrasser à tour de bras.

Ce qui, les trois quarts du temps, empêchait les malheureux époux de déjeuner.

Ceux-ci se tiendront simplement à la porte de l'église, comme dans une cérémonie funèbre. Au fait, c'est si souvent l'enterrement de la jeunesse !

*<br>* *

M<sup>lle</sup> Névada a fait annoncer dans les journaux des États-Unis qu'elle paraîtrait dans ses concerts habillée en robe de noces. Bien plus, elle donnera un morceau de la robe à chacun des auditeurs.

Ce qui donne une crâne idée de la longueur de ladite robe ou laisse soupçonner un bien petit nombre d'assistants. Il est vrai que cinq cent mille catholiques ont bien chacun parmi leurs reliques un morceau de la vraie croix ou un débris du voile de la Vierge !

*<br>* *

Il vous a été dit que le général Boulanger, contrairement au bruit répandu, n'a aucunement l'intention de changer les bandes des pantalons du génie.

— A ce propos, remarquait hier Guibollard, pourquoi parle-t-on toujours des pantalons du génie ? Est-ce qu'il en porte ? Voyez plutôt celui de la Bastille ?

*<br>* *

Au moment où vont commencer les soirées et agapes officielles, M. Grévy voudrait-il connaître par le menu le détail du souper qu'a fait servir, à la présidence des États-Unis, M. Cléveland, lors de son élection?

Qu'est-ce que l'exposition culinaire à côté de ces fêtes pantagruéliques?

Nous citons : 500 kilogrammes de langoustes, 200 dindes rôties, 150 désossées, 500 dindes bouillies, 150 langues de bœuf, 400 jambons entiers, 50 bœufs, 2 cuves de mayonnaise de volailles, 1,200 pieds de céleri, 5,000 lit. de crème glacée!...

Trois cents valets de pied ont servi ce souper monstre à dix mille personnes. Quand verrons-nous ces festins à l'Élysée

* *

La chasse ferme, mais les pêcheurs se préparent à une ouverture brillante.

Le directeur de l'aquarium de Paris annonce, pour le 15 avril, la mise en Seine de vingt mille saumons, neufs et frétillants. Pour cent mille pêcheurs, cela fait un saumon pour quatre.

Il n'y aura donc pas de miséricorde pour le pêcheur qui n'en rapportera pas au moins le quart d'un!

* *

Dernier écho de l'Exposition culinaire des Champs-Élysées :

Les organisateurs sont en instance auprès du

ministère de l'agriculture pour obtenir une distinction à accrocher aux boutonnières des cuisi-
niers.

L'ordre du Mérite culinaire !
Avec un cordon bleu, naturellement.

*
* *

A propos de l'aliénation prochaine des diamants
de la couronne, M. Raspail a raconté qu'un Américain, possédant une de ces fortunes colossales
dont on ignore l'origine, et qui satisfont les fantai-
sies les plus extravagantes, avait manifesté le désir d'avoir le *Régent* pour en faire le pommeau de
sa canne.

Nous savons bien que le *Régent* ne représente pas de très sympathiques souvenirs pour la France. Mais cela paraît drôle tout de même qu'un Américain puisse porter au bout de sa canne un joyau que la France n'aurait pas les moyens de conserver.

***

Au moment où l'on demande l'amnistie pour les Arabes, citons un simple fait, qui nous est signalé par le *Petit Fanal* d'Oran.

Une famille de colons, à qui le gouvernement avait donné une concession de terrains, fut victime d'un guet-apens. Le père fut assassiné par un Arabe. L'Arabe n'a jamais été arrêté, mais le gouvernement a fait vendre la concession et a rapatrié la veuve et ses enfants en les mettant sur l'avant-pont d'un transport et en leur accordant un secours de vingt francs.

Allez donc coloniser en Algérie! Emmenez vos enfants et faites-vous tuer par un indigène.

***

On nous annonce chaque semaine la disparition du dernier survivant du *Vengeur*, ou du dernier médaillé de Sainte-Hélène. Cela est tellement entré dans nos habitudes que personne n'y fait attention. Il y aura encore, au siècle prochain, des gens qui auront mangé le petit mousse sur le radeau, ou des braves qui auront pressé la dextre du général Bertrand.

Mais on télégraphie de Troyes que le dernier tambour-major vient de disparaître subitement du 32e de ligne. C'était le dernier représentant de cette race superbe que Sainte-Foy illustra à l'Opéra-Comique.

Est-ce un crime?

Est-ce un enlèvement d'amour?

On ne chipe pas un tambour-major comme une simple canne!

*<br>* *

La doctoresse de l'Opéra est, paraît-il, un être mythologique, comme sa voisine du Gymnase. Il n'y a pas à l'Académie de musique de médecin juponné. Il y a bien une trentaine de docteurs, et cela suffit.

Les danseuses n'ont d'ailleurs aucun besoin d'être soignées par des femmes. Elles n'éprouvent aucun scrupule à montrer leurs jambes au public, nous a dit M. Prudhomme, et il est même plus ennuyeux pour elles de se dévoiler à une femme qu'à un homme. Ces messieurs sont bien moins difficiles!

2.

L'État, a déjà payé bien cher le monopole des allumettes, commettra-t-il une seconde gaffe en prenant celui de l'alcool?

Les résultats ne sont pas meilleurs pour le public. Notre tabac est une terre féconde en découvertes; on y trouve de tout, sauf de quoi fumer.

Au fait, nous connaissons un fantaisiste qui achète ses cigares à Cognac, et qui fait venir tous ses cognacs de la Havane!

Une pénible nouvelle nous arrive de l'Extrême-

Orient. Li-Phong-Pao, le grand mandarin qui fut notre plus déloyal ennemi, a disparu de la circulation chinoise.

L'aurait-on empalé par erreur, ou cet homme jaune est-il venu incognito étudier les curiosités de Paris?

On offre une récompense à qui le retrouvera.

*<br>* *

Dans l'antichambre.

— Est-il venu quelqu'un? demande la marquise à son domestique.

— Un parent de madame, qu'est venu *corner un simple bristol!*

*<br>* *

Les Anglais sont des gens pratiques : lors de la révolte de Nana-Saïb, ils attachaient, avec une grâce exquise, les Indiens à la bouche d'un canon et les envoyaient retrouver Wichnou, par les voies les plus rapides.

Fidèles à ce procédé peu délicat, ils opèrent de même vis-à-vis des Birmans. Mais ils ont ajouté un comble de barbarie à cette opération. Un phothographe prend les traits des malheureux au moment précis où la balle pénètre dans la poitrine. L'autre jour même, l'opérateur breveté par John Bull voulait faire recommencer.

On lui fit observer que c'était impossible, les malheureux étant morts.

— Cela ne fait rien! hurle-t-il, en proie au plus violent désespoir... ils ont bougé!!

* *

La cinquième commission du Conseil municipal

examine une pétition demandant qu'un monument soit élevé sur la place de la Concorde en l'honneur de Jeanne d'Arc.

Personne plus que Gounod et nous n'admire l'héroïque Pucelle d'Orléans. Mais elle a déjà un bronze rue de Rivoli. Il est vrai qu'on ferait peut-être aussi bien de le mettre sur une cheminée, mais nous ne voyons pas dans quel but on déplacerait l'obélisque.

L'obélisque est un monument essentiellement parisien. La vieille plaisanterie qui consiste à vouloir faire monter les provinciaux dedans est un des piliers de la gaîté française. L'obélisque est notre « Liberté éclairant le monde ». Quel motif aurait Jeanne d'Arc pour venir piaffer en face des chevaux de Marly ?

Cela ne lui rappellerait que de désagréables souvenirs. Si on veut à toute force mettre une Jeanne d'Arc quelque part, qu'on place son buste dans tous les lycées de jeunes filles. Ce serait un exemple de pureté et de grandeur d'âme qui servirait à nos petites-cousines !

*
* *

Un aveu dépouillé d'artifice !

Le chef d'une grande maison de commerce de Hambourg a été vivement attaqué au Reichstag par des collègues, qui lui reprochaient d'envoyer en Afrique des eaux-de-vie frelatées et malsaines.

A quoi il a répondu qu'il fabriquait, en effet,

quelquefois des rhums de mauvaise qualité, mais qu'il les réservait pour les territoires français du Sénégal et du Congo.

Patriote et empoisonneur!

Et, maintenant, achetons nos cognacs en Allemagne!

.·.

Il y a longtemps que l'on a proposé de changer le système des cartes postales. A la suite d'un procès récent, il n'y eut qu'un cri dans l'opinion publique.

Guibollard proposa de maintenir les cartes postales, à la condition qu'elles fussent fermées.

Et c'est le projet de Guibollard que le ministère des postes a repris. Il y aura toujours les susdites cartes, mais on les cachera aux yeux des indiscrets en les fermant comme une carte-télégramme.

Vous verrez que personne ne s'en servira plus.

.·.

Les étrennes de la bonne ville de Paris :

On construit une nouvelle Morgue.

Vous et moi, n'est-ce pas? nous nous étions, jusqu'ici, contentés de l'ancienne. Mais la grande augmentation des crimes et des accidents nécessite un nouvel établissement que l'on construit dans la Cité.

Nous sommes loin des *Catherinettes*, des filles hospitalières qui, au XVII<sup>e</sup> siècle, ramassaient le soir les cadavres sur la voie publique et les ensevelissaient à leurs frais dans le cimetière des Innocents.

En 1714 — quel progrès! — on apportait les corps dans la basse geôle du Châtelet, sur une mince couche de paille, et ils pourrissaient les uns sur les autres jusqu'à ce que quelque parent, muni d'une lanterne, vînt essayer de les reconnaître.

Ce n'est qu'en 1804 que la Morgue fut transportée de l'échaudoir de la vieille boucherie du marché Neuf à l'endroit actuel, et ce n'est qu'en 1835 que fut construit le réservoir disposé pour laver les salles d'exposition.

On a reconstruit la Morgue en 1864, et aujourd'hui elle est insuffisante. Quel progrès!

*  *

Une histoire de bourreau :

Un raseur littéraire obstruait la boutique d'un éditeur bien connu. Chaque jour le jeune écrivain, qui est aussi reporter dans un petit journal, apporte un manuscrit, une relation, dont il demande l'impression immédiate.

— Pas assez actuel, soigne z l'actualité, fait l'éditeur. Tenez, dit-il en montrant un monsieur imberbe et de grande taille, décoré des palmes d'académie, faites quelque chose avec monsieur... obtenez des détails...

— Qui est-ce donc?

— Je vais vous présenter... C'est le bourreau, ajouta-t-il à voix basse.

Le reporter s'est lié de suite avec le monsieur en question. Il lui a offert plusieurs bocks, l'a accompagné pendant deux heures jusqu'au moment où l'autre, agacé de questions saugrenues et indigéré de coq-à-l'âne, lui a dit :

— Vous m'ennuyez!... Je ne suis pas bourreau!

Or, voici qui est authentique :

Le jeune reporter revient hier chez le libraire et le trouve en conférence avec un nouveau personnage qui était M. Deibler, réellement M. Deibler, qui, dit-on, va publier un volume de mémoires.

— Tiens!... fait l'éditeur, vous tombez bien.

— Ah! oui, gronde le reporter d'un air furieux, encore le bourreau!...

— Précisément...

— Tout est rompu entre nous!... On ne se fiche pas du monde comme ça!

.·.

Popinchard rumine de terribles idées de ven-

geance : il a reçu un formidable coup de pied
quelque part...

— Tu ne te battras pas... fait M^{me} Popinchard...
les duels sont si terribles en ce moment!

— Eh bien! non... conclut Popinchard, subite-

ment radouci... je ne me battrai pas... et pourtant,
ajouta-t-il en se tâtant le dos, j'avais quelque
chose là!

*　*　*

Topinot a épousé une jeune fille dont il n'a
connu la folle jeunesse qu'après le passage à la
mairie!

La future était enceinte de quelques mois.

3

— Voyons, Topinot, lui dit un ami, console-toi, elle t'aime tout de même.

— Ça m'est égal. En amour comme au théâtre, je n'aime pas arriver quand c'est commencé !

.˙.

Cette semaine, à Bruxelles, première des *Templiers*, l'opéra de Littolf.

Un fantaisiste à tout crins, cet Anglais que l'on prit souvent pour un Allemand, — et un Français de cœur, puisqu'il a épousé quatre Françaises sur les cinq femmes avec lesquelles il s'est légitimement uni.

Il y a de cela quinze à seize ans, chez le comte Schouvaloff, à Pétersbourg, on donnait une soirée musicale. Il faisait un froid épouvantable, et l'on avait construit sans peine des palais de glace sur la Néva. Au moment du concert, on cherche Littolf. Il était sorti en habit et en escarpins. Le comte Schouvaloff envoie à sa recherche, le croyant gelé.

Littolf était assis sur un bloc de glace, et regardait philosophiquement tomber la neige.

— Qu'est-ce que vous faites donc là ?

— Cher ami, reprend le compositeur avec calme, je suis en train de composer un oratorio sur la Sibérie !

Que pouvait lui faire, après cela, la froideur qui accueillit quelques-unes de ses pièces?

*
* *

Les indiscrets se demandaient ce que peut devenir l'amas de victuailles que l'Exposition culinaire concentre dans ses salons.

Quels étaient les privilégiés qui bénéficiaient des pâtés, des volailles et des superbes produits qui eussent fait pâmer le baron Brisse et exulter Brillat-Savarin?

Ce sont les pauvres des hôpitaux qui en profitent. Malheureusement, il y en a beaucoup qui donneraient leur part pour avoir un peu d'appétit.

*
* *

C'est un nègre qui a gagné le gros lot de la loterie coloniale.

Une jolie série à la noire.

Nous ne pouvons conseiller à ce nègre que de continuer!

*
* *

Nous lisons dans le programme de l'Exposition agricole qui s'ouvrira le 15 février :

« Première catégorie : Animaux reproducteurs

mâles et vaches laitières, coqs et pintades, instruments, expositions scolaires. »

Pourvu, grands dieux, qu'il ne s'agisse pas des
bataillons !

.˙.

Vous connaissez l'Homme-Tronc, une des plus
bizarres curiosités de Paris.

Très aimable, cet artiste sans bras, qui, chaque
fois qu'il écrit une lettre, — car il écrit très bien,
— ajoute :

« Mesdames, permettez-moi de mettre la main à
la plume ! »

Et il écrit avec sa joue !

.˙.

Dans un cours d'anglais.

Le professeur s'exaspère. Les élèves ont la manie de prononcer *I*, *hi*, alors que John Bull dit
toujours *Aï*.

— Approchez ! demande-t-il à un récalcitrant.
Tournez-vous !...

L'élève se présente de dos.

Le professeur lui allonge un coup de pied ma-
gistral.

— Aïe !... hurle l'éphèbe.

— Enfin!.. murmure l'émule de Robertson, vous avez bien prononcé!

* *

Boireau, très occupé, annonce son mariage.

— Je ne sais où donner de la tête... avec tous ces préparatifs...

— Vous en avez fait beaucoup?

— Je vous crois! Hier encore j'ai pris un bain!

* *

Au restaurant.

— Garçon, ce café dépose...

— Voilà ce que c'est... il vous a pris pour un juge d'instruction!

* *

Un fantaisiste, Boireau.

— Je demeure au septième étage... C'est charmant...

— Personne ne va vous y voir?

— Oh! cela m'est égal, je cause quelquefois avec les ballons.

* *

Le juif Bosselmansek est un des types les plus

3.

curieux de l'Hôtel des Ventes. Il faisait hier, rue Drouot, un cours d'usure légale.

— Moi, disait-il, quand on me demande un prêt, je ne prends pas d'intérêt ; j'accorde l'argent, mais je me fais donner toujours vingt-cinq louis d'avance !

— Mais si on vous demandait seulement cinq cents francs ?

— Ah ! bien, je garderais tout.

.·.

Le baron de Z... a de drôles d'idées en matière de villégiature.

— Où allez-vous passer la fin de l'hiver ? A Nice, Gênes ou Alger ?

— Bien plus loin, je vais à Bordeaux !

.·.

Entendu au cercle :

— Voilà trois mois que je n'avais vu le jour !

— Vous souffriez des yeux ?

— Non, je me levais à huit heures du soir !

.·.

Bébé s'est cogné contre un meuble, sans d'ailleurs se faire grand mal.

— Et tu n'as pas pleuré? lui demande sa mère.

— Non, maman, fait Bébé, il n'y avait personne.

*<br>* *

Dubonnet invective un impertinent, lequel est d'ailleurs plat autant que sot. Puis, Dubonnet le prend par les épaules et le secoue comme un prunier.

Enfin, Dubonnet lui allonge un formidable coup de pied au bas des reins.

— Ah! pardon, fait l'autre en se retournant, je ne supporte pas les observations de ce genre!

# FÉVRIER

# FÉVRIER

On a beau célébrer le puritanisme et l'épidémie
d'ennui qui sévissent à Paris, on a beau se la-
menter sur les magasins qui ferment à neuf heures,
et sur les magasins qui ferment définitivement au
lendemain de leur ouverture, cela n'empêche pas
tous les princes étrangers qui ont quelques livres

à dépenser, de choisir immédiatement Paris comme le but de leur pérégrination.

Aujourd'hui, on annonce l'arrivée du fils aîné du shah, héritier présomptif du trône. Viendrait-il dans le but de payer les dettes de son père, ou sous le prétexte fallacieux de remplacer les paletots égarés à la fête légendaire de Versailles?

Si le shah n'apporte pas avec lui de bons sacs de banknotes, Paris le considérera d'un œil dédaigneux! Mais s'il venait comme feu le Brésilien de la *Vie parisienne*, cousu d'or et chamarré de billets de banque, quelle excellente occasion d'écouler nos diamants de la couronne!

∴

On a encore pincé, cette semaine, non pas un assassin, ce qui serait une plaisanterie d'un goût douteux, mais quelques innocentes vieilles gardes qui jouaient un petit baccara en famille.

Hubertine Auclerc, Louise Michel, relevez le gant!

Qu'on ne vous accorde pas, comme à nous autres, le droit de ne pas voter, passe encore. Mais que vous n'ayez pas le droit d'abattre neuf et de tirer à cinq, c'est une des infamies qui feront rougir le dix-neuvième siècle!

Les femmes n'ont pas de cercles autorisés, et pourtant nul être au monde, sinon l'homme, n'est plus joueur que la femme ! Elles ont le droit d'avoir tous les vices, et on leur refuse la permission de jouer au loto en famille. C'est un crime !

*
* *

Du temps de Frédéric, il y avait des juges à Berlin. Il y avait aussi des carpes, et c'est une de ces vieilles carpes, ayant à sa lèvre inférieure un anneau portant la date de 1618, que l'on a repêchée dans la Sprée ces jours-ci.

Les vieilles douairières à qui François Ier passa un anneau, et qui frétillent encore dans les bassins de Fontainebleau, prendront-elles le deuil à cette triste nouvelle ?

Nous célébrons M. Chevreul, le premier étudiant de France, et M. Dupin, le vaudevilliste qui vit passer au bout d'une pique, sur la place de la Révolution, la tête de la princesse de Lamballe.

Mais que sont nos centenaires, et que nous sommes petits, nous a dit Guibollard, quand nous comparons notre longévité à celle d'une simple carpe !

*
* *

On prétend que les Écossais ont le monopole de

l'hospitalité. Cette erreur est vieille comme la *Dame Blanche*.

Sur mille indigents secourus par le bureau de bienfaisance à Paris, on trouve en moyenne quatre cents Allemands.

Ne craignez-vous pas, comme dirait M. Prud-homme, que ce régiment de serpents, dans nos seins élevés,

Ne nous punisse un jour de l'avoir conservé?

L'Opéra (les Folies-Garnier, comme on disait en

1872) se distingue par une innovation : il donne un bal d'enfant le mardi-gras.

Aujourd'hui qu'il n'y a plus d'enfants, ce bal ressemblera beaucoup à un bal ordinaire : M. Toto causera avec M^{lle} Nini sur le triste sort de la Mouquette, de *Germinal*. Un collégien de quinze ans, habillé en chicard, ira lorgner les grands-parents déguisés « en gens qui s'embêtent à mort ».

Néanmoins ce bal constitue un progrès. Heureuse époque que celle où l'on peut, à l'âge de douze ans, être sergent-major de bataillon scolaire dans la matinée, et passer l'après-midi au bal de l'Opéra — sans compter la soirée ailleurs ! Et les moutards ne savent plus l'heure à laquelle on les couche.

* * *

Au banquet annuel de la Société des agriculteurs de France, une belle coupe d'honneur a été offerte au président, M. Chevreul.

Le cadeau est peut-être bizarrement choisi, M. Chevreul ne buvant jamais de vin ni de liqueur : mais évidemment l'intention est tout.

* * *

La belle chose que le langage cynégétique, et que c'est amusant la chasse à courre ! Corbleu ! mon gentilhomme, que fleuri est le parler !

« Beau cerf est le cerf de meute, de fort corsage, dix cors junément, vigoureux comme doit l'être un monarque des forêts, donnant à ses dépens le diduict de la chasse à haults et puisants seigneurs et nobles dames. »

Et l'on dit que nous nous démocratisons !

* * *

Le gouvernement avait demandé, dans les régiments, des volontaires pour le Tonkin.

Il s'est présenté une foule de braves.

Mais on a mis une étrange condition à leur engagement : il a fallu examiner leurs mâchoires, et on n'a admis que les soldats ayant toutes leurs dents et des mandibules capables de lutter victorieusement non seulement contre les Chinois, mais contre le biscuit.

Le pain de la gloire est, paraît-il, bien dur !

*<br>* *

Le ministre de la guerre autorise la libre fabrication des armes de guerre en France, sous le prétexte que tous les autres États en fabriquent et en vendent librement.

Dès lors, ou nos armes sont supérieures, et nous devrions en défendre l'exportation.

Ou elles sont mauvaises, et on ne devrait pas en acheter en France.

Et comme nous n'avons que des ennemis en Europe et que les armes françaises sont excellentes, nous ne voyons pas la nécessité de fournir à l'étranger les fusils qui doivent tirer sur nous !

*<br>* *

Lu dans les dernières dépêches de Chine :

« La flotte chinoise, à l'approche des vaisseaux français, s'est retirée dans l'intérieur des terres. »

Des bateaux à roulettes, alors?

*
* *

Le ministre du commerce vient de signaler aux négociants français une mesure qui sera peut-être la plus belle pensée de son règne.

Les Allemands organisent une exposition flottante. Des navires, chargés d'échantillons des produits nationaux, parcourront les côtes de la Méditerranée et de l'Atlantique, dans le but de vendre et d'échanger. Les magasins du *Louvre* en bateau !

Le ministre du commerce engage les producteurs français à faire de même et à lutter sur mer. Le système n'est pas nouveau. C'est ainsi que les Portugais et les Espagnols ont jadis créé leurs colonies, et ce n'est pas par un autre moyen que Christophe Colomb a découvert l'Amérique !

*
* *

Petite annonce cueillie sous la rubrique des *gens de maisons :*

« X..., valet de chambre, manie la brosse comme Raphaël. »

4.

.·.

Les membres de la Légion d'honneur viennent d'ouvrir une souscription pour réparer l'orgue de la maison de Saint-Denis.

Ce vieil orgue, contemporain de Charles X, était aussi usé que le feu roi sous lequel Érard le construisit. Les demoiselles élevées à Saint-Denis sentaient leur cœur se fendre, en écoutant les dernières pensées des soufflets époumonnés.

Detaille, Vibert, Worms, Pessard, vont réunir les fonds nécessaires pour raccommoder ce vieux débris, et les nouveaux décorés seront obligés, comme première étrenne, de contribuer à la réparation d'un orgue qui, hier encore, était bien le cadet de leurs soucis !

.·.

Les anthropologistes viennent de constater que l'homme le plus grand qu'on ait mesuré était un Finlandais (Finlandais évidemment monté sur des échasses) de deux mètres quatre-vingts centimètres. Le plus petit est un nain de quarante-un centimètres.

Celui-ci ne grandira pas, n'étant pas Espagnol !

Mais le Finlandais est presque une consolation :

n'ayant plus de grands hommes, nous nous contentons de savoir qu'il y a encore des hommes grands.

*<br>* *

Le truc de Gontran :

— Moi, racontait-il hier, j'ai un moyen certain de ne pas être trompé : ma femme sait que si je la surprenais, je serais inexorable. D'un autre côté, j'adore la chasse. Alors, je pars le samedi, en annonçant une absence de vingt-quatre heures...

— Et vous rentrez à l'improviste?

— Jamais! Je reste absent; mais, comme j'ai dit en secret à la bonne que j'allais revenir inopinément, ma femme se méfie et je ne risque absolument rien!

*<br>* *

Tartendioux, de Capdenac, raconte une histoire effroyable :

— Vous savez combien ze suis charitable... En passant sur le boulevard Haussmandtt, ze vois une vieille femme avec des enfants... Ils pleuraient... La vieille me raconte qu'ils n'ont rien à manger, et que le mari est mort dans la journée. Pour n'être pas trompé, ze les suis à Montmartre... ze vois le mort... C'était horrible... ze ressors après leur avoir donné de l'arzent... Puis, une fois dans la rue, ze remonte, croyant n'avoir pas assez donné... Et alors... ze frappe... *C'est le mort* qui vient m'ouvrir la porte... ze l'ai vu !!

*⁎*

Les drames de Londres.

Il ne s'agit pas du pillage des boutiques, ni de l'émeute, ni de la misère.

La cour d'Angleterre a des soucis autrement sérieux. La duchesse de Roxburghe, nommée par la reine *maîtresse de robes*, a refusé cet honneur, parce qu'elle ne pouvait donner son appui à la politique irlandaise !

Nous comprenons ces scrupules.

— Duchesse, dirait la reine, voulez-vous me passer ma robe bleue, à franges blanches ?...

— Que Sa Majesté me pardonne, répondrait la duchesse, mais la situation des fermiers me semble intolérable...

Jamais la reine ne pourrait s'habiller, et il y aurait de grandes chances pour que ses sympathies à l'égard de l'Irlande n'augmentassent pas.

*⁎*

Un journal bien connu n'a pas soigneusement

surveillé son metteur en pages. Nous lisions hier à
sa quatrième page :

*Grandes Frimes pour* 1887.

*
* *

Les pleine-eau du cirque Oller ont ravigoté l'art
de la natation.

Cette semaine, un professeur, dédaigneux des
piscines chauffées, a donné, par un froid de 2 degrés au-dessus de zéro, une séance des plus cha-
leureuses.

Cela se passait, paraît-il, sur le terre-plein du Pont-Neuf.

Seulement, au lieu d'exécuter ses exercices dans la Seine, le professeur faisait son cours sur la terre-ferme, à l'aide d'un tableau.

— Mais, ajoutait-il en montrant la Seine, ceux qui ne sont pas convaincus de l'excellence de mon système n'ont qu'à l'*essayer!*

Une importante mesure qui s'impose.

Le mardi gras est le seul jour de l'année réservé à l'audition des trompes de chasse.

En revanche, pendant trois cent soixante-cinq jours, pour ne pas parler des années bissextiles, les clairons scolaires peuvent impunément nous briser le tympan.

Avides d'écouter les douces harmonies du cor de chasse, nous demandons que l'on supprime au moins la trompette scolaire le mardi gras!

Le bruit court que M. Leconte de l'Isle, l'acadé-cien testamentaire de Victor Hugo, aurait déclaré qu'il ne pourrait pas faire un discours acceptable, attendu qu'il profiterait de cette occasion unique pour faire entendre certaines vérités et quelques protestations qui ne seraient pas du goût de tout le monde.

Hugo manifesta souvent à des intimes des craintes sur la façon dont on ferait son éloge funèbre. Il est à craindre que si M. Leconte de l'Isle s'entête, on n'assiste à ce phénomène imprévu, que l'éloge d'Hugo ne soit pas prononcé à l'Académie française.

Après tout il serait peut-être plus digne de n'en rien dire que d'en mal parler!

*
* *

Les Grecs continuent à mettre en émoi tous les monarques de l'Europe.

Ce que c'est que l'habitude de retourner les rois!

*
* *

M. Boireau a conçu des projets libidinesques pour le bal masqué. Dédaigneux de prendre un masque plus ou moins rétrospectif, il s'est installé, avec un faux nez, comme garçon de restaurant dans un établissement voisin de l'Opéra.

— Ah! mon cher! disait-il hier, je m'amuse comme une petite folle... presque toutes les dames honnêtes de mon quartier viennent souper...

— Et votre femme?...

— Hélas!... celle-là ne sort même plus!

* *

Le patinage appliqué aux grandes manœuvres vient d'être expérimenté en Hollande avec le plus complet succès. Une compagnie d'infanterie, munie de patins, s'est transportée en armes, avec une

rapidité effrayante, vers un point menacé par l'ennemi.

Les Anglais pourraient, sur le sol uni du désert, organiser des patins à roulettes et transformer le Soudan en un gigantesque skating-ring. Vélocité dans l'attaque et rapidité dans la retraite !

* *

De grands travaux vont recommencer : le Conseil municipal a voté neuf millions pour conduire, par un aqueduc fermé, les eaux de l'égout collecteur de Clichy, jusque dans la partie basse de la forêt de Saint-Germain.

Les riverains de la partie basse vont pousser des cris de fureur.

Un industriel avait proposé de créer une gare de marchandises spéciale, à la sortie de l'égout collecteur. Les matières, mises en barriques, partiraient pour le Havre, d'où des paquebots les emporteraient sur la côte d'Abyssinie. On fertiliserait le Soudan !

Notez que ces matières ainsi rapprochées des Anglais n'auraient pu que leur porter bonheur.

*  
* *

Une nouvelle secte médico-socialiste vient de se fonder à Paris, dans le but de résoudre les problèmes économiques par l'emploi exclusif de légumes.

C'est simple autant que nouveau :

L'homme peut aussi bien être nourri par le légume que par la viande de boucherie. Bien plus, le légume vert donne à ses nourrissons à la fois la force et l'énergie morale.

Or, les trois quarts du territoire de la France sont employés à nourrir des bêtes, qui serviront à la consommation des habitants.

Supprimer la viande de boucherie, c'est laisser libre la moitié du sol, qui servirait largement à nourrir tous les gens sans travail et tous les malheureux sans ressources.

Les *végétariens* — tel est le nom de la nouvelle secte — vont développer leurs doctrines cette semaine, devant l'Académie de médecine. La *poule au pot* est la seule viande admise par eux, et seulement le dimanche.

Mais que vont devenir les bouchers et les éleveurs de bestiaux?

Si les végétariens l'emportent, ils changeront seulement la misère de place!

.·.

Nous avons lu autrefois une épitaphe ainsi conçue :

« Ici gît M. Eusèbe Philopot, mort le 3 janvier 1884, à l'âge de soixante-trois ans; on n'est pas fixé sur l'époque de sa naissance. »

Voltaire et Eusèbe Philopot sont cousins.

Les chroniqueurs et les historiens font naître l'auteur de *Candide* à des dates différentes.

Comme le besoin d'une cérémonie en son honneur se faisait sentir, on a pris la date du 20 février pour célébrer l'anniversaire de sa naissance. Ce qui permettra de le célébrer encore au mois de novembre, avec non moins de sympathie.

.·.

On a cessé de patiner, ce qui, d'après Gœthe, doit désoler les poètes.

L'auteur de *Faust* prétend, dans ses mémoires, que c'est en patinant qu'il obtenait le développement le plus rapide de ses conceptions poétiques.

Un joli chapitre à écrire sous ce titre : « Comment l'inspiration vient aux poètes. »

C'est peut-être en regardant les patineurs tomber les jambes en l'air que Zola a écrit les derniers chapitre de *Germinal*.

*       *

Une heureuse maison, c'est celle qui porte le n° 129, rue du Faubourg-du-Temple. Cent quatre-vingt-neuf ménages, pas un de moins, vivent heureux, quoique serrés dans ce phalanstère.

La maison s'appelle : la *Grâce de Dieu*, ayant été construite par Moreau Mayer, directeur de la Gaîté, à l'époque du succès obtenu par le mélodrame qui porte ce titre.

Les locataires se réunissent chaque année et, au suffrage universel, élisent un concierge responsable.

Bienheureux ménages, qui n'ont pas encore eu l'idée de demander l'autonomie de leur immeuble !

Cela viendra.

*       *

Très étonnante, la petite Lolo, des Fantaisies-Parisiennes. On la trouve tous les jours à l'avenue des Acacias, en toilette étourdissante, s'étalant dans un magnifique huit-ressorts.

— Dame, disait-elle hier, comme on fait son *Bois* on se *chauffe!*

**

Continuation de la bêtise humaine.

On cherche une phrase-type destinée à parer l'an 1886, — comme *On dirait du veau* a orné 1885.

Et voici ce que deux cent cinquante personnes ont répété au dernier bal de l'Opéra :

— Vous savez, je rajeunis la pièce!

— Vous dites?

— Je rajeunis la pièce : je fais entrer un cheval à la fin!

Remonter aux origines serait trop long; qu'on s'adresse à l'*Intermédiaire.*

**

Le jeune baron de Balandard montre à des amis les panoplies de ses aïeux.

— Tenez, voyez ce revolver, fait-il dignement. un de mes aïeux l'acheta à Damas pendant la dernière croisade... et la preuve, c'est qu'il est encore damasquiné!

**

M. Mathieu a invité son premier commis à dîner.

— Accepteriez-vous un peu de volaille?

— Je prendrai les ailes pour commencer, insinue le commis modestement,

*
* *

Très occupé, le jeune médecin Rochinard.

— Vous devez gagner un argent fou? lui dit-on.

— Oh! non. Aucun de mes malades ne me paie.

— Eh bien! leurs héritiers?

*
* *

Simple dialogue :

— Tu ne vas pas chez la baronne?... Elle est si jolie!

— Oui! mais d'un bête!... Il y a huit ou dix amoureux qui la serrent de près; ils ont l'air de jouer aux échecs.

— A l'oie... tout au plus!

5.

*
* *

Une phrase aimable cueillie dans un drame qu'on joue actuellement :

« Je marchais à tâtons dans les silences de la nature ! »

Où diable le malheureux posait-il les pieds?

*
* *

Au bal de l'Opéra.

Un monsieur masqué aborde une dame.

— Je te reconnais, fait celle-ci.

— Et qui suis-je?
— Un assassin !
— Pas si fort! on t'arrêterait!

*
* *

Rue Notre-Dame-de-Lorette.

Un cocher brise son fouet sur le dos de Cocotte,
qui ne peut pas gravir la pente.

— Misérable! crie un monsieur, sans doute
membre de la Société protectrice des animaux.

— De quoi?... fait le cocher, un cheval que je
bats comme mon enfant!

*<br>* *

La scène se passe à Marseille. Un négociant, à la
veille de la faillite, a réuni ses créanciers.

— Messieurs, leur dit-il, je n'ai rien à vous donner en argent.

Murmure général.

— Mais je tiens à votre estime. Voulez-vous que
je me suicide? Ma vie est à vous.

— Non!... non!... gémissent les créanciers.

— C'est égal, continue le négociant, je dois faire
quelque chose encore pour vous. Je vous jure que
vous ne me reverrez jamais!

*<br>* *

M^lle Irma, antique cocotte, vient de s'établir épi-
cière, grâce à la munificence d'un vieil ami qui lui
a fait cadeau du fonds.

— Pas de crédit!... fait M^lle Irma. C'est ma devise pour faire fortune.

— Vous êtes dure.

— Oh! je sais ce que c'est que le crédit! J'en ai fait toute ma vie et je n'ai jamais payé!

*
*  *

Entendu à un enterrement :

— Le défunt était un homme remarquable.

— Qu'est-ce qu'il faisait donc?

— Il était marchand de vins; c'était le négociant de Paris qui faisait le mieux le château-margaux.

*
*  *

On cause d'un ténor d'une corpulence remarquable.

— Il a des épaules de bœuf, et un filet de voix.

— Comment donc... un faux filet!

*
*  *

Couloirs du Sénat :

— Ce monsieur, mais c'est un sénateur de la Charente...

— Peuh! fait un huissier avec dédain, de la Charente-Inférieure!

*
*  *

M. Prudhomme voulait acheter une propriété dans les Alpes. Hier, il annonce qu'il a acquis simplement une ferme dans la Beauce.

— Quel changement !

— Ah ! fait-il, j'ai peur des avalanches !

*
* *

M<sup>lle</sup> Cardinal se promène seule, au foyer de l'O-
péra.

— Et votre mère ? demande un ami.

— Ah ! tu sais, nous les avons toutes supprimées
depuis qu'on les blague !

∗∗

Clara de Sainte-Gudule est célèbre dans le quartier de l'Europe, pour sa manière de tondre les riches gogos qui se pâment d'amour pour elle.

— Si vous saviez comme ils sont bêtes! avouait hier Clara. Ils prennent l'heure du mouton pour celle du berger!

∗∗

Au club des patineurs.

Guibollard regarde la glace avec philosophie.

— Et dire, murmure-t-il, que les poissons vivent heureux là-dessous!

— Comment?...

— Rien ne les conserve mieux que la glace!

∗∗

Le baron, profondément amoureux de la petite Clara, obtient enfin un rendez-vous d'amour; mais l'émotion, l'âge, l'obésité, etc., paralysent ses moyens.

Tout ému, il reste à ses pieds, poussant de longs soupirs!

— Ah! dites donc, fait Clara, souffler n'est pas jouer!

MARS

## MARS

Les sous-officiers de l'armée célébreront longtemps la gloire du général Boulanger. Le jeune
ministre de la guerre a fait plus pour eux que tous
ses prédécesseurs en dix ans.

Et ce sont ces petites mesures qui, sans nuire le

moins du monde à la discipline, font que l'armée devient un peu plus habitable.

Les réengagés seront dispensés de porter le sac, ils seront salués par les sous-officiers de même grade, ils auront une simple caisse à bagages, qu'ils pourront fermer; on leur donnera une salle spéciale.

Il n'y a pas là des avantages affriolants, mais cela constitue beaucoup pour de braves gens qui n'avaient même pas jusqu'ici le droit de garder dans une valise fermée à clef le portrait de la bien-aimée !

.˙.

On annonce la mort d'un caricaturiste anglais, Cal de Cott, qui mérite bien un adieu. Car c'était un dessinateur plein d'humour et de fantaisie, ce qui est rare en Angleterre.

Les Noël du *Graphic* et de l'*Illustrated London News* lui doivent leur vogue, et, bien que simple caricaturiste, il était membre de l'Institut royal des aquarellistes, où il exposait avec le plus grand succés.

.˙.

On a vu, ces jours-ci, le peu de sympathie qui existe pour les produits allemands. C'est une sainte indignation que nous partageons de tout cœur.

Néanmoins il faudrait être logique.

Le même individu qui trouve inouï qu'un Français achète à Leipzig des photographies, ou à Berlin des soldats de plomb, admet parfaitement que lui-même puisse avaler avec joie de la bière de Munich, de la choucroute du Rhin et des saucisses de Francfort.

Qu'il commence par nationaliser son estomac, et si c'est une privation, qu'il la supporte par patriotisme !

***

On répare le Pont-Neuf, et le jour bien éloigné où sa reconstruction sera parfaite, les ingénieurs, qui se sont déjà fait construire un petit immeuble aux pieds du Vert-Galant, ne manqueront pas de se donner un festin.

C'est la tradition.

La gazette du temps nous raconte que, lors de sa construction, les entrepreneurs s'offrirent un dîner superbe. Un homme étrange, que personne ne connaissait, se leva au dessert et prit la parole :

— Messieurs, dit-il, je vous félicite de votre œuvre, mais vous avez bien fait de faire le Pont-Neuf en travers de la Seine. Si vous l'aviez fait en long, vous n'en seriez pas encore venus à bout !

.˙.

Il y a un nouveau projet de Métropolitain. Celui-ci aurait l'avantage de ne rien toucher à l'ensemble de Paris : il parcourrait la Seine sur une passerelle perpendiculaire aux ponts, qu'il couperait par une série de tunnels.

Quelle concurrence pour les bateaux-mouches !

.˙.

De nos jours, presque tous les théâtres de Paris font, chaque année, un nettoyage plus rapide que celui de la porte Saint-Denis. Le luxe de la salle et l'ornementation de la façade suivent la richesse de la mise en scène.

Le Guignol des Tuileries était seul resté fidèle à ses précédents populaires. Mais la manie du faste l'a aussi atteint.

On a creusé un terre-plein, on a supprimé la ficelle et on a planté des arbustes qui ne permettent de voir qu'aux spectateurs assis et payants.

Polichinelle s'est mis dans ses meubles !

.˙.

Le skating de la rue Blanche a rejoint, dans le monde des souvenirs, Mabille et Valentino. L'entrepreneur des démolitions des Tuileries a détruit, paraît-il, l'immeuble où débuta la princesse Pignatelli.

On veut en faire un marché.

Alors, on aurait presque pu laisser l'établissement tel qu'il était organisé il y a trois ans.

*<br>* *

Le Conseil municipal est en train d'adopter un amendement de M. Mesureur, qui tend à créer dans les établissements primaires supérieurs une chaire d'histoire municipale de Paris.

Il nous semble que tout ce qui peut être intéressant dans l'histoire de Paris nous est raconté dans l'histoire de France.

Il vaudrait peut-être mieux enseigner aux enfants la biographie des conseillers municipaux actuels et les faire assister tous les jours aux séances de l'Hôtel de Ville, maintenant qu'elles vont être publiques.

*<br>* *

Le ministre de la guerre a modifié le costume des Saint-Cyriens. Sans doute afin de les habituer au changement d'uniforme, pour le temps où ils seront officiers.

6.

Signalons au général Boulanger l'horrible claque des élèves de l'École Polytechnique, qui, lorsqu'ils sont en grande tenue, leur donne un faux air de sergent de ville ou de croque-mort.

Il y aura peut-être à modifier aussi le costume des élèves des bataillons scolaires, mais ceci regarde surtout le Conseil municipal.

***

M. Plenny, un célèbre duelliste hongrois, vient de célébrer par un grand festin son trente-septième duel. Tous les invités devaient, paraît-il, avoir été pour le moins six fois sur le terrain.

C'est à faire rougir le dîner parisien de la Flamberge.

Le dîner hongrois n'a pas été troublé par l'apparition au dessert des victimes des trente-sept duels. Un toast a été porté par un gentilhomme français qui avait perdu son nez dans un duel avec le comte Andrassy, à la suite d'une bien mauvaise rencontre.

Ce festin de duellistes a dû être gai comme un dîner de médecins !

***

M. Renan fait appel à tous ceux qui ont encore quelque sympathie pour le grand sphinx d'Égypte.

afin d'aider à son déblaiement. On trouvera, paraît-il, sous le socle, des trésors enfouis dans le sable, comme les galions de Vigo au fond de la mer.

Le moment est drôlement choisi. Les mineurs se refusent à fouiller le sol pour extraire le charbon. Quel travailleur de bonne volonté, ou quel capitaliste ira s'amuser à gratter les sables du sphinx, à une époque où se pose la question sociale, — un problème bien plus terrible que celui que pouvait résoudre l'animal fabuleux?

*  *

Nos illusions s'en iront toutes, les unes après les autres! Élevé dans la croyance que l'air de Malbrough s'adressait au vainqueur de Malplaquet, Churchill, duc de Marlborough, c'est avec un profond serrement de cœur que nous apprenons la véritable origine de la chanson.

Les croisés chantaient un air d'un chevalier Marlbrou, contemporain de saint Louis, adapté sur une mélodie orientale qui n'est autre que le fameux *mironton, mirontaine.*

Et voilà comment nous apprendrons peu à peu que la *Chaussée Clignancourt*, ou autres chansons de Paulus, sont de vieux airs qu'on fredonnait à Rome du temps de César!

.˙.

On a enlevé Diderot de la place Saint-Germain-des-Prés. Non pas parce que l'œuvre de Gautherin était désagréable au noble faubourg, mais parce qu'elle gênait furieusement la marche des omnibus.

Et pour faciliter la circulation, on va reculer Diderot jusque sur le trottoir.

Il n'y aura plus de gênés... que les piétons.

˙.˙

Les suicides dans l'armée continuent d'une manière alarmante. Le général Boulanger a beaucoup à modifier de ce côté-là.

Avant-hier, c'est un artilleur de Fontainebleau qui a chargé son canon et s'est attaché à la bouche dudit comme un Indien du temps de Nana-Sahib.

Voilà un genre de suicide auquel nous n'aurions jamais songé !

˙.˙

Un abruti du feuilleton nous indique un nouveau mode de ressources pour l'État, au moment où il ne doit pas y avoir de petites économies.

On sait avec quelle facilité on transforme des poils

de barbe en crin végétal. Que les six cent mille soldats qui, d'après une récente circulaire, vont porter
la barbe la laissent tailler, chaque mois, au bénéfice
de l'État. Au bout d'un an, l'armée aura produit de
quoi subvenir à l'entretien de quelques invalides.

Ce qui prouve qu'il est bon de mettre de côté sa
barbe pour l'époque où on n'a plus de cheveux !

*
* *

La lumière électrique va désormais éclairer la
Comédie-Française.

Nous sommes loin des bougies de l'Hôtel de
Bourgogne !

Grâce à ce système, M. Claretie pourra se montrer sévère contre les pensionnaires qui persiste-
raient à rester dans l'obscurité !

*
* *

M^{me} Astié de Valsaire était jalouse de la che-
valière d'Éon. Elle vient de se battre en duel avec
une Anglaise, à Waterloo.

C'était choisir un bon endroit pour venger la
vieille garde !

Miss Shelby, l'Anglaise, — d'aucun la disent
Américaine, — a été touchée au bras droit.

Le duel s'est passé, paraît-il, de la façon la plus correcte. Nous voilà donc obligés d'encourager le duel féminin et même le duel entre sexes différents.

Une maîtresse trompée enverrait des témoins à son amant, et la rencontre pourrait avoir lieu dans des conditions de lutte égale. Tandis qu'avec le vitriol...

⁎<br>⁎ ⁎

Le carnaval s'en va, les roses vont éclore...

Le printemps est né d'hier, mais la mère et l'enfant paraissent se mal porter.

S'il est vrai que le froid rigoureux des temps derniers est dû au passage du vent sur les hauts plateaux de l'Allemagne et de la Russie, pourquoi le zéphir, qui agite aujourd'hui nos chevelures, n'a-t-il pas des parfums d'orangers, qu'il aurait apportés de Nice, ou des odeurs de fleurs, arrivant avec lui d'Espagne?

Ce vent, bon garçon, néglige tous ses devoirs. S'il était logique et nous amenait quelques souvenirs des endroits sur lesquels il passe, quelles distractions pour les Parisiens!

Lorsqu'il y a de la fumée dans l'air, on dirait : « Tiens! le vent vient de Maubeuge »; ou selon les cas : « Éole a traversé le grand égout collecteur. »

Mais on ne peut se fier à rien, sur cette terre, pas même aux courants aériens!

*<br>* *

Les herboristes et naturalistes se réjouiront certainement de la découverte d'une nouvelle plante dite *Phytolacca Electrica.*

Cet aimable produit de la nature exhale de l'électricité, tout comme la rose distille son parfum. Les oiseaux et les insectes la fuient ainsi qu'un bon bourgeois s'écarte de la femme-torpille, et l'aiguille aimantée, présentée près de la tige, se tord dans des convulsions carnavalesques.

Édison trouvera peut-être le moyen de se servir de cette plante comme poteau télégraphique; mais, puisque toutes les plantes existaient déjà au Paradis terrestre, nous nous étonnons qu'on n'en ait pas ressenti les effets plus tôt!

*<br>* *

On répète au Châtelet une nouvelle féerie, et il paraît que de jeunes enfants y doivent danser un quadrille naturaliste.

M^lles Grille d'Égout et la Goulue font à ces « gosses » une classe de cancan, et les malheureux bébés se décarcassent chaque jour pour amener la jambe à la hauteur de l'œil.

Ne trouvez-vous pas qu'on commence à abuser singulièrement de ce mode de chahut? Passe encore pour les demoiselles âgées de plus de trente et un ans; mais le public devrait protester contre l'abus. surtout quand il verra faire le grand écart à des enfants qu'on est encore obligé de moucher!

* *

Nous avons vu les vingt-deux Russes qu'un loup bienfaiteur, quoique enragé, fait voyager en ce moment le long des boulevards.

Vêtus de peaux de bêtes exhalant une odeur déplorable, mais assurés de leur guérison, ces bons

moujicks bénissent le ciel qui leur a permis, à peu de frais, de venir visiter Paris.

Quand ils rentreront en Russie et qu'ils raconteront les merveilles de la capitale. ce sera là-bas à qui se fera mordre.

*
* *

On récrimine fort à propos de la Chambre, où les députés ne viennent en foule que quand il s'agit de repêcher un ministère — ou de le couler. Quand un honorable parle affaires à la tribune, la salle se vide et l'orateur a l'air de débiter du volapück. Les membres qui aiment peu à se déplacer dorment dans leurs chaises curules ou font leur correspondance aux frais de l'État.

Il paraît qu'en Angleterre on agit de même; car la Chambre des communes vient de prendre une résolution qui a peut-être contribué à la dislocation du cabinet Gladstone : la suppression du *chapeau mou.*

Le *chapeau mou* est un fruit des mœurs anglaises. Comme il y a moins de fauteuils que de députés, lorsque ceux-ci sont au complet , beaucoup restent debout. Dès lors, dans le cas d'une discussion intéressante, le député vient de bonne heure et marque sa place avec son chapeau mou.

Il est de même arrivé qu'un domestique de député venait à l'avance apporter une douzaine de chapeaux mous pour tout un groupe. De telle sorte que, lorsque la discussion devenait ennuyeuse, le président, de son fauteuil, avait l'air de présider une assemblée de chapeliers qui se seraient mis en grève après abandon de leurs marchandises.

Désormais, on ne retiendra plus de place à l'avance, mais le cabinet reste disloqué.

On a relevé le chiffre des suicides en Angleterre. Nous trouvons dans cette statistique des renseignements bizarres :

Ainsi, quatre cent soixante médecins ont préféré mourir que de continuer à soigner leur clientèle ; quatre-vingt-dix-sept constructeurs de vaisseaux ont lâché le gouvernail, et quatre cent quarante-quatre pharmaciens ont cherché la mort en avalant leurs produits.

Nous ne parlons pas d'un nombre inouï de cabaretiers, garçons d'hôtel et suicidés de peu d'importance : ce qui explique bien le nombre d'Anglais vivant hors de l'Angleterre. La vie est si triste chez eux qu'on s'explique facilement leur manie de la quitter.

Nous apprenons, dans un *Conseil du jour*, une nouvelle qui sauvera bien des anémiques :

« On utilise avec avantage les propriétés de la

crevette pour réveiller l'appétit des femmes pâles. »
Son nom seul indiquait son mode d'emploi.

La crevette était bonne pour les crevés.

* *
*

On a opéré cette semaine, à Bordeaux, la translation des restes de Montaigne dans les caves de la nouvelle Faculté.

Vu l'époque de la mort de l'auteur des *Essais*, ces restes ne devaient pas être bien lourds !

* *
*

La crise a beau sévir sur le vert Véronèse, cinq mille tableaux ont été déposés lundi au palais de l'Industrie.

Comme nous disait hier Boirot, cela prouve que la palette a encore de l'estomac.

Et ces cinq mille tableaux sont arrivés sans encombre aux Champs-Élysées, alors qu'il est si facile à un passant de se faire détériorer par une voiture.

Un seul artiste, — et voyez comme le sort est méchant, — un artiste plein de talent et de conscience, a vu son œuvre écornée par un vil brancard.

Tout l'hiver, à l'heure où tant de pays agrestes font leurs effets de neige en chambre, Barillot, revêtu de peaux de mouton, a bravé le froid comme la distance. Pataugeant dans la boue, insoucieux des aquilons, il a travaillé trois mois dans les plaines de la Champagne. Et le paysage qu'il envoie au Salon est percé par un timon de voiture, alors que la neige n'a pas traversé son corps !

.·.

Les petits bancs des ouvreuses troublaient les employés des chemins de fer. Depuis quelques jours, ceux-ci ont obtenu la permission d'offrir aux voyageurs des tabourets et d'excellents oreillers.

On devrait compléter les prévenances en louant des revolvers pour le voyage : cela éviterait toujours la peine d'en emporter.

.·.

On a arrêté, cette semaine, une mendiante de

soixante-quinze ans, qui tendait la main depuis quarante ans, sans avoir le moins du monde le bras fatigué.

Cette excellente dame possède plus de trente maisons à Levallois-Perret et récolte environ quarante mille francs de loyers. Il y a des instants où l'on regrette vivement que le Parlement ne décrète pas l'impôt sur le revenu !

Le ministre des postes prépare un projet qui permettra de faire payer les mandats-poste à domicile. Au premier abord, cette mesure n'a rien de joyeux, mais ceux qui ont l'habitude d'aller aux guichets des bureaux de poste porteront désormais M. Granet dans leur cœur.

Elle était jolie la petite comédie !

— Monsieur l'employé, demandait-on d'une voix tremblante, en allongeant le bulletin découpé...

— Avez-vous votre contrat de mariage ? répondait le subalterne d'un ton protecteur.

— Je ne suis pas marié.

— Avez-vous votre carte d'électeur ?

— On l'a déchirée quand j'ai voté.

— Avez-vous votre permis de chasse ?

— Je ne tire jamais le lapin.

7.

— Avez-vous un diplôme?

— Je ne suis pas bachelier...

— Alors, allez chercher deux négociants patentés...

Et si on n'avait pas d'amis dans le commerce, on pouvait attendre la pacification du Tonkin avant de toucher son mandat.

.·.

Enfin, c'est officiel!

Les officiers gardent la barbe, mais elle est facultative.

Les sous-officiers ont également le droit de se raser comme un ponton, ou de laisser croître quelques poils follets.

Mais les caporaux et soldats sont soumis à la barbe obligatoire, et à une barbe ne dépassant pas le collet de la tunique, de façon à ce qu'on puisse toujours lire le numéro du régiment.

Conséquence logique du nouvel arrêté du ministre : les peintres militaires sont dans le désespoir. Detaille, qui croyait avoir fixé dans son bel ouvrage sur l'armée les uniformes et la tournure exacte de nos soldats, sera obligé d'y apporter de nombreux changements.

Le soldat à barbe va être une des nouveautés de 1886, et nous voyons d'ici les quelques rondeaux qu'on chantera dans les revues de l'an prochain à côté des innombrables couplets que fera naître le Volapük.

*<br>* *

. On nous apporte à la dernière minute une nouvelle que nous n'insérons que sous toutes réserves :

« Hier, à sa sortie de scène, M^lle Dudlay a été l'objet d'une touchante ovation de la part de ses camarades. M. Got, portant la parole au nom des sociétaires, lui a offert un superbe bracelet en diamants, de la part de M. Coquelin; une parure en perles fines, don de M. Delaunay, et un croissant en saphirs et émeraudes, présent des autres membres du comité démissionnaire.

« M^lle Dudlay, touchée jusqu'aux larmes, a offert aussitôt sa démission et est partie immédiatement pour l'Amérique. »

*<br>* *

Un fait lamentable a signalé les soirées officielles

de l'hiver. Le conseil des ministres s'en est ému, et les huissiers sont désespérés.

Il s'agit du dépouillement des buffets, scrutés comme une simple urne électorale et vidés en un clin d'œil par une foule d'invités rapaces.

Le dernier bal du ministère des affaires étrangères a été un pillage effréné de londrès et de victuailles.

Je sais bien qu'aujourd'hui « l'État, c'est nous ». Mais c'est une drôle de façon de récupérer le montant de ses contributions que d'emporter dans les basques de son habit quelques douzaines de cigares, tout comme si l'on revenait de Bruxelles !

.·.

Le ministre de la guerre continue ses réformes. Après la retraite supprimée, les pantalons remplacés par les culottes et les bottes substituées aux basanes, voici la suppression des chansons de route !

Il n'est plus permis de chanter pendant l'étape. Cette fois-ci, nous verserons un pleur sincère.

Sur la route, en pleine campagne, les bons soldats s'en vont par deux, comme les canards dans la chanson de Thérésa, fumant la pipe et portant le fusil en bandoulière. Quand ils fredonneraient quelques-unes de ces mélodies que la légende a consa crées, nous ne voyons pas ce que l'armée perdrait en prestige.

Elles n'étaient pas bien spirituelles, ces chansons que le régiment reprenait en chœur, mais elle constituaient une tradition intéressante.

La première occupation du soldat de 2ᵉ classe, à son entrée au régiment, était d'apprendre l'air de la *Boiteuse*, les rengaines bien connues du *Meunier dont le moulin va trop vite*, et de *Thomas qui réveille Mathieu*.

Autant un régiment est digne, sous les armes, marchant à rangs serrés, les officiers le sabre au clair, autant la colonne de route aura des airs lugubres en cheminant sans que la vieille chanson, cette cousine de la gaieté française, accompagne la marche avec ses refrains.

*⁎*
⁎ ⁎

Il y a actuellement trois comètes au firmament. Si c'est à elles que nous devons l'abaissement de la température, elles font bien de ne se montrer que dans le champ des plus puissants télescopes.

A la fin d'avril, nous aurons le plaisir de les contempler sans mystère.

Autrefois, cela passait pour un signe de bonne récolte.

Aujourd'hui, elles se sont multipliées au point de nous laisser supposer qu'on fabrique les comètes dans les prisons.

D'ailleurs, il n'y a plus de vin, ce qui constitue pour ce genre de météore une parfaite inutilité.

.'.

Sir Charles Dilke sera enfin puni.

La reine d'Angleterre n'en veut à aucun prix comme ministre, car on sait que ceux-ci ont la permission du baise-main. Et dame! le beau-frère de M. Crawford est dangereux!

Après la main, on prend le bras et...

.'.

Les Incohérents servent de mot de la fin au carnaval, lequel n'a été, d'ailleurs, ni plus gai, ni plus triste que les précédents. Mais c'est une admirable matière à lamentations que la gaieté qui ne va plus. On nous persuade que la distinction a fui le foyer de l'Opéra, que la gaieté a déserté le boulevard, et que, il y a vingt ans, les gens qui avaient trente printemps de moins s'amusaient bien davantage.

Dans vingt nouveaux lustres, nous persuaderons la même chose à nos enfants, si nous en avons, et il n'y aura rien de changé.

Comme dernier bal à signaler, citons une fête donnée par un peintre bien connu, dans laquelle figuraient tous les modèles de Paris, en costume de pose. Et ces dames posaient si bien, que presque tous les invités les prenaient pour des femmes du monde.

*<br>* *

Le revolver est devenu un instrument bien banal. Seulement, au lieu de tirer en l'air, comme à la Bourse et à la Chambre, les revolveriens se mettent à viser.

On sait comment Jules Verne vient d'être blessé.

— Il n'est pas étonnant, a dit M. Prudhomme à ce propos, qu'on ait choisi l'éminent écrivain. Les hommes connus servent plutôt de cible que les autres !

*<br>* *

Il y a quelque temps, trois enfants de l'État de New-Jersey, mordus par des chiens enragés, furent envoyés, grâce à la charité publique, à M. Pasteur, qui les guérit.

Un Barnum américain — il n'y a que les États-Unis pour trouver ces choses-là ! — a aussitôt offert un engagement aux trois éphèbes, qu'il montre pour quelque argent, entre une femme colosse et un homme chien !

Un saltimbanque, affublé d'une robe de professeur, expose aux badauds une méthode qu'il attribue à M. Pasteur, et fait lui-même des inoculations.

Le métier d'enragé guéri finira par rapporter plus aux clients qu'il a soignés qu'au savant qui les a sauvés !

∴

Une coquille dans un journal politique :

« La commission des droits sur les *maris* s'est réunie hier... »

Imposerait-on Georges Dandin ?

Non. Il s'agit simplement des droits sur les maïs.

∴

On annonce pour mardi un bal masqué à l'Opéra — offert aux enfants. — Arban dirigera l'orchestre, comme pour les grandes personnes.

Espérons, grands dieux ! que quelque petite fille, très au courant des mœurs parisiennes, ne s'habillera pas en Grille d'Egout, pour danser un pas inédit avec un jeune désossé.

Mais le parquet de l'Opéra donne le vertige, et quand à sept ans on a le droit de flirter dans le foyer...?

*
* *

Paris va posséder bientôt un second lycée de jeunes filles. C'est dans la rue du Rocher que sera construit l'établissement.

Et ce n'est pas fini. M. Camille Sée espère en voir construire bien d'autres.

*
* *

En famille.

On discute la profession à donner au petit Jules.

— Ingénieur des mines...

— Non, fait quelqu'un. Quand ils y descendent, ils n'en sortent quelquefois plus... Un métier où il gagnerait beaucoup d'argent?

— J'ai trouvé! dit le père. Attendons l'Exposition, nous en ferons un restaurateur !

.<sup>.</sup>.

On demande une médaille d'honneur pour la doyenne des concierges de Paris, une excellente femme qui, depuis 1796, a tiré le cordon et a vu passer bien des locataires, sans s'être attirée d'eux le moindre reproche.

Le fait est tellement exceptionnel, que le Conseil municipal devrait bien lui voter une plaque. Rossini fut un bon musicien, mais il y en eut d'autres. Il est plus rare de trouver un pipelet poli qu'un compositeur capable d'écrire le *Barbier de Séville*.

.<sup>.</sup>.

Guibollard s'étonne que des révoltes aient pu avoir lieu dans des prisons.

— Dame !... comprenez-vous ça ?... demande-t-il à un ami. Qu'on regimbe quand on est dans les fers !

— Moi, je le comprends, réplique l'autre ; je suis marié !

.<sup>.</sup>.

Duroseau a égaré son râtelier.

Baptiste, un domestique respectueux, l'a trouvé, mais ne veut pas avoir l'air de s'en apercevoir. Il l'ouvre délicatement, met des lettres entre les ressorts et le pose sur le bureau de son maître.

— Tiens, fait Duroseau en lui donnant un louis,
voilà pour avoir retrouvé mon serre-papier !

* *

Cabantous rentre à Marseille, après un séjour
d'une semaine à Paris.

— Eh bien, vous avez vu la capitale ? lui demande-
t-on.

— Non, fait simplement Cabantous, les maisons
sont trop hautes !

* *

— Allons, bon ! fait hier Duroseau, un tramway
a écrasé une charrette anglaise...

— Eh bien ! reprend un philosophe, vous ne
voudriez pas que ce fût le petit véhicule qui eût
écrasé le tramway.

.*.

On parle du projet d'impôt sur les eaux minérales.

— Mais alors, fait Guibollard, les sources ne seront plus des sources ! Elles seront des ressources !

.*.

Scène de famille.

Fanfan Garigot est au piano et écorche les oreilles de son père.

— Sacrebleu ! hurle celui-ci, qu'il m'embête ! qu'il m'embête !!...

— Voyons, fait la mère, ne faut-il pas qu'il devienne de la force de Listz ?

— Je le voudrais bien ! il ne jouerait plus !

* *

Un jeune débutant va trouver un des plus aimables sénateurs de la Haute-Garonne.

— Vous voulez vous fixer à Paris? lui dit ce dernier. Et vous venez?

— De Tours, monsieur.

— Comment! vous n'êtes pas de Toulouse? Mais alors, qu'est-ce que vous venez f... à Paris?

* *

Gavroche assiste à un concert : il considère avec le plus profond dédain le chef d'orchestre.

— En v'là un fainéant... Y n'a jamais d'instrument !

* *

Calino est agacé de voir tant de gens célébrer l'anniversaire de leur naissance ou de leur mariage.

8.

— Moi, disait-il, il n'y a qu'un anniversaire que je voudrais chaque année célébrer gaiement...

— Lequel ?

— Celui de ma mort !

.˙.

Nous avons vu une étonnante carte de visite :

DOMINICI GINCOLO

*Concessionnaire général des mines de mortadelle de Bologne.*

Voilà qui ne doit pas être une sinécure !

.˙.

Un drame intime.

— Bathilde, hurle l'époux en se réveillant, regarde mes mains ! J'ai les mains d'un tigre !

— C'est vrai, reprend Bathilde, tu as la peau toute tigrée !...

On appelle le médecin, qui fait trois ordonnances. L'époux garde toujours ces horribles taches. Il appelle ses enfants.

— Mes enfants... murmure-t-il d'une voix éteinte, venez voir mes mains... Vous êtes les fils d'un tigre !

Enfin, après huit jours de médications, une vieille femme lui dit simplement :

— Lavez-vous les mains !

Et pour la première fois, il se savonna. Les taches avaient disparu.

* * *

Un père admoneste son fils :

— Les cocottes d'aujourd'hui ne sont pas comme celles de ton temps, murmure le rejeton.

— Tais-toi donc ! ce sont les mêmes !

* * *

Entre amies :

— Tu rajeunis toujours la baronne de P... Personne n'ignore qu'elle est plus vieille que ça...

— Mais non, j'en suis bien sûre... nous sommes de la même année !

AVRIL
FOIRE AUX JAMBONS
FOIRE AU PAIN D'ÉPICES
Henriot

# AVRIL

Le concours hippique s'ouvre cette semaine. Voici le dernier chic pour les dames.

Inutile de chercher à être élégante sans porter la casaque dont les revers et les parements seront ornés de scènes brodées ou peintes à la main de steeple-chases ou d'exploits de chevauchée.

Le peintre pour casaques de dames du sport aura

le champ libre : il pourra choisir dans l'histoire du cheval, depuis Diomède jusqu'au dernier vainqueur du Derby.

On lira dans les gazettes :

« Noté la marquise de B... Casaque verte, portant comme sujet de peinture : Mazeppa dans l'Ukraine.

« La comtesse de K... : Mort de Brunehaut.

« La baronne de Z... : M. Baucher donnant sa première leçon d'équitation. »

Quelle concurrence pour le Salon, qui arrivera bon dernier !

*
* *

Les pastellistes ouvrent, rue de Séze, leur exposition annuelle.

Les femmes mettent d'une façon si unanime du fusain, du bleu, du crayon rouge et du blanc sur leurs traits, que le pastel est complétement entré dans nos habitudes.

L'exposition pourra exciter quelque jalousie chez les femmes, mais elle ne peut manquer d'avoir beaucoup de succès chez les hommes, ne fût-ce qu'à titre de comparaison.

*
* *

Encore un dompteur qui, moins heureux que

celui du Cirque d'hiver, a, paraît-il, été complètement dévoré par ses fauves, au cirque Renz, de
Vienne.

M. Prudhomme, à qui cette triste nouvelle a été
communiquée, a eu un mot :

— Au moins, a-t-il dit, celui-là emporte le secret
professionnel !

Il y a une Société protectrice pour les animaux.

Ne fera-t-elle rien pour les dompteurs ?

*<br>* *

Nous nous lamentions, l'autre jour, sur le sort du
piédestal qui a tour à tour supporté, avec la rési-
gnation d'un homme politique, le prince Eugène,
Voltaire et Ledru-Rollin.

Un piédestal qui change souvent de couvre-chef
c'est celui du square Montholon.

Après avoir supporté le *Gloria victis*, il a changé
l'œuvre de Mercié contre la *Porteuse de pain*. Et on
vient d'enlever celle-ci pour faire place à une œuvre nouvelle.

L'obélisque est heureux d'être assez lourd : sans
cela, combien de monuments se seraient déjà suc-
cédé sur la place de la Concorde !

.·.

Le doyen des pêcheurs d'Étretat, qui vient de mourir à l'âge de quatre-vingt-seize ans, laisse cent trente héritiers en ligne directe : fils, petits-fils, arrière-petits-fils.

C'est lui qui, en 1870, disait aux Prussiens qui le sommaient de livrer toutes les armes du pays : « Je demande à être fusillé avec le fusil qu'on trouvera à Étretat. »

On comprend qu'Alphonse Karr n'ait pas eu grand'chose à faire, pour peupler le pays qu'il inventa avec des pères de famille aussi productifs que M. Vatinel.

.·.

Une demi-mondaine bien connue a mis à la mode, au dernier bal des Artistes, un genre de robe qui force la nature à se plier aux exigences de l'élégance.

Le corsage était couvert de carottes, la jupe brodée d'oignons et d'artichauts; le pouf était formé par un énorme chou-fleur.

On n'est pas plus distingué.

Arrêtons-nous dans cette voie naturaliste; sinon on verrait, au Grand Prix, des dames de la plus

haute noblesse vêtues avec une rangée de côtelettes
et une bordure de harengs saurs, ou costumées en
salade russe !

*
* *

Les Anglaises s'insurgent contre les bas bleus,
pris strictement dans le sens de bas de couleur
azur. Ces dames prétendent que cette couleur dissimule trop les taches, et qu'on peut les porter plus
longtemps que la propreté ne le permet.

Délicatesse exquise des femmes qui ne peuvent
prononcer le mot de pantalon sans rougir.

Ces dames auront beau mettre des bas blancs,
elles n'auront jamais la jambe d'une Parisienne.
On ne discute pas la couleur d'un bonnet de coton
à mettre sur l'obélisque.

*
* *

Les sociétés plus ou moins secrètes se forment et
pullulent en ce moment à Paris. Après avoir usé les
départements, les anciennes provinces, épuisé les
titres bizarres, on en arrive à la taille de la barbe
ou à la couleur des cheveux.

On se réunira une fois par mois, pourvu qu'on
soit artiste, homme de lettres, député, financier, ou

ami des précédents, et à la condition qu'on soit chauve ou que l'on porte des favoris.

Nous aurons bientôt :

Le dîner des manchots.

Le banquet des sourds.

Le lunch des tireurs à cinq.

La réunion des nez de travers.

Le déjeuner des myopes, etc...

Pourquoi pas encore le punch des maris trompés et l'avouant ? On se consolerait gaiement et on prendrait en commun des mesures excellentes au point de vue de la répression.

Seulement, avec ces dîners, quel jour pourra-t-on déjeuner ou dîner tranquillement chez soi ?

.·.

Les étudiants en médecine de la Faculté de Montpellier ont conspué leur doyen, nommé chevalier de la Légion d'honneur.

Siffler n'est pas jouer.

Les cours sont suspendus, et les étudiants n'y gagneront rien. Les professeurs seuls y gagnent quelque chose.

Un jour, à Toulouse, au cours de droit romain, on annonça que le professeur posait sa candidature à la députation. Une trentaine d'étudiants en droit.

descendant tous des croisés, houspillèrent le professeur. Les sifflets furent tels que le cours fut suspendu, et que la presse libérale devint unanime à soutenir M. Constans, qui doit peut-être à ces sifflets d'avoir été nommé député, puis ministre.

Qui sait ? Le scrutin de liste est peut-être rétabli parce que des étudiants de première année ont lancé des pommes sur une chaire de droit.

*<br>* *

On a vendu beaucoup d'autographes cette semaine. Une lettre de Sarah-Bernardt a été cotée plus cher qu'une missive de Napoléon au général Berthier, à propos du siège de Dantzig.

Nous avons vu pousser assez haut une pierre et un morceau de saule du tombeau de Sainte-Hélène, avec attestation du général Bertrand; mais ce qui nous a le plus étonné, ce sont « les branches d'olivier sous lesquelles a bivouaqué Napoléon lors de son débarquement au golfe Jouan, en 1815. »

Pauvres vieilles branches !

*<br>* *

Une œuvre, qui évidemment inspire la sympathie publique, est le refuge Sainte-Anne, installé à

Châtillon. On reçoit dans cet asile, comme on chante dans la *Favorite*, les impures qui ont traversé Paris, sous le nom de cocottes, d'horizontales ou d'agenouillées.

M. Alexandre Dumas n'a encore rien fait pour ce couvent de Denises repenties, mais la charité publique a là une occasion de se manifester.

Très gai, d'ailleurs, l'asile de Châtillon. L'autre jour, on a joué la comédie, on a soupé et, au dessert, une bienfaitrice a envoyé une bourriche contenant deux douzaines d'énormes lapins.

Ce qu'ils ont dû rappeler de souvenirs à ces demoiselles !

.*.

Les étudiants de Leyde viennent de former un cercle, appelé « Ommerschansiana » dont peuvent seuls faire partie les étudiants qui ont subi une condamnation pour ivrognerie. Les membres du cercle portent des insignes particuliers et sont entourés du respect public.

Il est vrai que c'est à Leyde qu'on a inventé la fameuse bouteille !

.*.

Le juge d'instruction qui a poursuivi l'affaire de

la rue de Sèze a inauguré un nouveau système d'instruction.

Ce n'est plus dans son cabinet, mais sur les lieux du crime, qu'il procède à son interrogatoire et à l'audition des témoins.

Il y aurait encore un pas à faire dans cette voie :

Faire juger l'affaire par le jury dans la salle où a été commis le crime, ce qui éviterait les transports de justice.

Et faire exécuter le criminel à l'endroit même où a été commis le meurtre. D'abord l'expiation serait plus complète et, en second lieu, il y aurait moins de pseudo-journalistes présents à l'exécution.

*<br>* *

Les élégances du langage :

Autrefois, une boulangerie s'appelait boulangerie. C'était simple, quoique pas neuf, mais on comprenait.

Aujourd'hui, les boutiques parent leur devanture du nom de « Panification ».

Espérons que l'Académie mettra le *haro*.

*<br>* *

Les derniers cotillons de l'hiver qui s'en va, — les lilas vont éclore ! — se sont enrichis d'une nouvelle figure qui ne manque pas d'imprévu, pour les jeunes filles honnêtes : cela s'appelle la *Recherche de la paternité*. Une jeune fille, parée d'un faux abdomen en caoutchouc, en tire un poupon que le cavalier adopte après quelques tours de valse.

On pourrait ajouter quelques autres figures qui ne seraient peut-être pas reçues dans les maisons austères, mais qui auraient quelque charme.

*Les scandales de la Pall Mall Gazette* (avec adjonction d'un paravent).

*Un attentat aux mœurs sous un tunnel* (on éteindrait les bougies).

*Les premiers pas dans la vie* (imitation de Grille d'Égout), etc...

.˙.

Depuis deux ans prospère une entreprise louable, celle des Colonies scolaires de vacances : elle s'efforce d'envoyer le plus grand nombre possible de petits écoliers ou de jeunes Parisiennes faire des provisions de grand air et de santé pendant les vacances.

Les résultats sont palpables

L'augmentation du poids des garçonnets qui passèrent le dernier mois d'août au grand air fut, en moyenne, de 1,650 grammes ; l'augmentation de la taille, de 10 millimètres; celle du thorax, de 18 millimètres! Le résultat pour les fillettes a été plus remarquable : la moyenne d'augmentation est de 2,055 grammes.

Cet exemple pourrait servir aux nombreux Parisiens qui dépérissent, privés d'oxygène et de liberté, comme dirait M. Prudhomme. Malheureusement, il n'y a pas d'œuvre fraternelle pour envoyer à la campagne les millions de Parisiens qui demanderaient une augmentation de thorax.

Comment donc! on ne peut même pas faire prendre l'air aux récidivistes!

*<br>* *

Les coureurs sont plus à la mode que jamais.

Espérons qu'à la prochaine combinaison ministérielle ils pourront avoir une utilité quelconque, en allant à la recherche des futurs ministres.

Nous connaissons un de ces marcheurs infatigables qui s'est fait faire des cartes ainsi libellées :

X.....

*Directeur des Pas-Perdus.*

*<br>* *

Encore un projet de métropolitain!
Celui-ci consisterait en aqueducs superposés

dans les rues de Paris, lesquels mettraient les quartiers excentriques en communication avec le centre de Paris.

Si le projet ne gêne personne, il gênera au moins la circulation.

Et d'ailleurs les quartiers excentriques n'ont pas besoin de métropolitain quand il s'agit de venir faire un meeting au centre de Paris.

Il semble qu'on devrait, au contraire, empêcher ces communications.

Sûreté bien ordonnée devrait commencer par soi-même !

*<br>* *

Très gaie, la salle n° 7, à l'hôtel Drouot, l'autre jour.

On y vendait des sarcophages égyptiens, des vases consacrés aux scarabées, et des cercueils contenant les restes des derniers Pharaons.

Les momies se sont bien liquidées. Remarquez qu'on impose les blés étrangers et que les momies entrent en France franco, quand elles n'y sont pas fabriquées.

Citons quelques prix pour qu'on puisse comparer avec les marchés étrangers :

M^me Mer T Hor, veuve de Pletus Izi, soixante-quinze francs (un peu défraîchie).

Le sieur Ru Ru, en très bon état, cent quarante francs.

C'est pour rien !

***

Le projet qui consiste à envoyer de Paris à Londres des dépêches par un obus pneumatique a toutes les chances d'être refusé, parce qu'il simplifierait trop les choses.

Les dépêches arrivant, grâce à l'air comprimé, du boulevard au bord de la Tamise en cinq minutes, ce serait véritablement beau! Un journal expédié de Paris parviendrait à Londres avant d'être distribué à Paris, et l'on aurait plus tôt une dépêche venant du Strand que du boulevard de Clichy.

Ces résultats finiraient par troubler les idées généralement reçues en matière de postes, de télégraphes et de communications, et, au nom de la routine que l'Europe nous envie, nous demandons qu'on rejette le projet.

***

Le gouvernement vient de créer, à l'École des hautes études, une section des sciences religieuses. Les indifférents des divers cultes pourront étudier les religions de l'Inde, de l'Égypte, de l'Arabie et de l'Extrême-Orient, etc. Ils pourront même choisir.

Malheureusement, on a oublié la religion du Père Hyacinthe. L'ex-révérend est plus qu'un disciple : c'est un créateur, et une chaire lui paraissait naturellement réservée.

.*.

Un professeur de belles-lettres est entré, à Tours, dans la cage de Bidel.

Les lions se sont immédiatement endormis.

Quel exemple pour la Chambre! Les fauves se calment, mais on pourrait bien lire cinquante tragédies à la tribune sans endormir les députés qui veulent faire du tapage.

.*.

L'Exposition agricole était jusqu'ici restée en dehors des bruits du monde et de la mascarade contemporaine. Les travestissements y étaient inconnus, et sauf la médaille du Mérite accrochée à la boutonnière des exposants, sauf un laurier rose ou un brin de persil déposé sur le front des exposés, rien n'indiquait dans cette réunion bourgeoise et périodique les concessions qu'on y fait au goût du jour.

* *

Le simple bœuf n'est plus à la mode.

Des embellissements attendent les diverses parties de l'Exposition. Les porchers qui conduisent leurs bêtes auront l'uniforme de leur pays ; les laiteries seront servies par des vendeuses en costume national, et des jeunes Bretonnes à la mode de Quimperlé et de Bannalec débiteront le fromage et verseront le lait !

Comme à Bruges ! L'Estaminet de la Vache !

* *

On nous communique cet arrêté, pris par le Conseil municipal, dans une petite ville des environs de Perpignan :

Article premier. — Attendu que la retraite militaire fixait l'heure pour la fermeture des magasins, l'administration déplore la suppression de cette institution.

Art. 2. — A huit heures et demie, une fanfare, composée des clairons scolaires et des citoyens de bonne volonté, parcourra la ville.

Art. 3. — Tous les habitants sont autorisés, de huit heures à huit heures et demie, à jouer du cor de chasse !

* *

Un invalide se flattait jadis d'avoir eu une longue conversation avec Napoléon 1er.

10

— Et que vous a dit l'empereur? lui demandait-on.

— Il m'a dit : « Pousse-toi de là, imbécile! »

Cela ne ressemble-t-il pas à l'*interview* des indiscrets qui ont voulu « faire causer » le colonel Borgnis-Desbordes? Écoutez ces importantes révélations, qu'on publie à grand fracas :

— Que savez-vous de l'enquête?

— Rien.

— Que pouvez-vous dire de la publication du rapport?

— Rien.

— Que voulez-vous nous faire savoir de votre opinion?

— Rien.

Maintenant nous sommes fixés.

. .

Pauvres amoureux qui s'attendaient autour, tout autour de la tour Saint-Jacques!

Elle est devenue depuis avant-hier un laboratoire d'études physiques! Les savants devront en savoir quelque gré à Victor Hugo, qui la préserva jadis d'une démolition impie.

Maintenant qu'on applique les monuments à la science, nous ne voyons pas pourquoi on n'accorderait pas aux astronomes la plate-forme de l'Arc de Triomphe, les tours de Notre-Dame ou le dôme des Invalides ?

On placerait agréablement un télescope sur le Napoléon de la colonne, et du génie de la Bastille, on pourrait ; à chaque suicide, étudier les phénomènes de la chute des corps !

Quelle belle chose que le hasard !

*
* *

Dans une pension de jeunes filles, on étudie l'Histoire sainte.

— Mademoiselle!... demande une enfant, qu'est-ce que c'est que la femme adultère ?...

— L'adultère... fait la demoiselle embarrassée, c'est une maladie !

.·.

On fait des fouilles à l'Acropole. Les Grecs ont beau s'armer jusqu'aux dents, ils ont encore du temps de reste pour s'occuper des antiquités!

Donc, le roi est allé, le 6 avril, à deux heures précises, visiter l'Acropole, et voyez si le *Fatum* des anciens est bien en mesure. Juste au moment où le roi a fait son entrée, un ouvrier bien stylé s'est écrié, la pioche à la main :

— « Sire!... une statue! »

Et quelques minutes après, ainsi que les grandes eaux de Versailles, surgissait une superbe tête de femme, datant de Salamine, que le monarque a prise dans ses mains et s'est mis lui-même à nettoyer.

On ne peut plus galamment faire des fouilles, et Louis XIV lui-même en eût été satisfait.

.·.

L'*Intermédiaire* cherche à détruire nos illusions et à démonétiser Édison.

Il affirme, d'après « le Calendrier historique et

patriotique des Français pour l'année 1783 », que le sieur Dom Gauthey, cistercien, a fait une machine avec laquelle on peut se faire entendre à cent lieues de distance !

Et nous nous glorifions à présent d'avoir inventé le téléphone !

*<br>* *

Deux bohêmes causent philosophiquement :

— Il faut bien manger tous les jours !...
— Ça dépend !... Quand on n'est pas ambitieux !

*<br>* *

M. Prudhomme explique que l'arrivée de l'eau dans la piscine du Nouveau Cirque est une simple farce de carnaval.

— Oui, ajoute-t-il, c'est la *marée du mardi gras!*

10.

*.

Sur le boulevard.

Un gardien de la paix interpelle au passage un cocher fallacieux, lançant sa bête à fond de train :

— Hé! là-bas!... au pas...

— Jamais! y a personne dans ma voiture!

*.

La petite Angéla est très pratique, très économe, mais elle est affreusement rapace.

— Ce n'est pas une femme, disait hier un de ses amis, c'est un emporte-monnaie!

*.

M. Prudhomme hèle son domestique :

— Baptiste!

— Monsieur?

— Il est cinq heures... descends m'acheter le crime du jour.

*.

Les élégantes du langage.

— Quelle figure, cette baronne de Pinbec, et tous les soirs autour du Lac, comme une élégante!

Parbleu ! elle a une tête qui a la nostalgie du persil !

*
* *

Concours d'harmonie musicale :

LE PROFESSEUR. — La phrase est bien, mais vous finissez par une ronde qui arrive toujours en retard...

L'ÉLÈVE. — C'est une ronde de police !

*
* *

Lu à la quatrième page l'annonce :

*Robes de noces inusables.*

Hélas ! dans ce genre-là, c'est la *dame* qui s'use et non le fourreau !

*
* *

On annonce, chez la baronne de C..., son notaire, un officier ministériel des plus cacochymes.

— Quel âge peut-il avoir ? demande-t-on.

— Lui ?... j'ai toujours entendu dire qu'il avait présidé à la confection du Nouveau-Testament.

*
* *

Un cocher déambule à la recherche d'une nouvelle rue.

— Cocher! hurle le bourgeois, vous ne connaissez donc pas votre Paris?

Le cocher froidement :

— Non... et vous?...

.·.

La petite baronne de C... est très vexée. Elle s'est
oubliée, chez un peintre, sous le prétexte que celui-ci
avait besoin d'une séance de nuit.

— Sapristi, que dira votre mari?

— Mon mari, ce n'est rien. fait la baronne, mais
que pensera mon concierge?

.·.

Le baron de Saint-Alphonse se dispute avec une
de nos plus célèbres momentanées.

Celle-ci l'accable de reproches :

— Enfin, je t'ai rendu souvent des services... des
services d'argent...

— Ah ! pardon… fait le baron furieux, je ne vous
le reproche pas !

*
* *

Laborniche règle les funérailles de sa défunte.
L'administration des Pompes funèbres lui demande
deux mille francs.

— Deux mille francs ! hurle Laborniche, mais
vous allez me faire regretter qu'elle soit morte !

*
* *

Souvenir du bal de l'Opéra.

Un monsieur très grave se démène dans l'avant-
foyer :

— Voyons, qu'est-ce que tu as ? lui demande une
petite grue, habillée en sauterelle.

— J'ai perdu ma femme…

— N'aie pas peur… Si elle est jolie, elle aura
trouvé quelqu'un !

.·.

A la sortie :

— 'Cocher, êtes-vous libre ?

— Ça dépend de votre quartier !

.·.

Un crime épouvantable, mais ayant cinq ans de date, est tout à coup révélé et reconnu.

On exhume la victime. mais hélas ! dans quel triste état.

Un parent est appelé pour constater l'identité.

— Voyons, demande le magistrat, à quel signe particulier pouvez-vous la reconnaître ?

— Monsieur... un seul... la défunte était sourde !

.·.

On ramasse au pied d'un monument public — puisque colonne de Juillet et colonne Vendôme sont interdites aux amateurs — une infortunée victime qui vient de se broyer sur le sol.

Une personne qui la reconnait émet l'opinion que la misère et le désespoir ont amené la catastrophe.

— En effet, murmure Calino, qui regarde la scène d'un œil hagard. il n'a pas l'air très content !

*
* *

Le Conservatoire a commencé ses examens et ses
concours.

Toutes les mères sont au vestiaire, attendant le
résultat des progrès de leur fille. Ce n'est plus le
Conservatoire, mais bien le Conciergeatoire.

*
* *

Un jour, Auber passait un examen :

Une dame le fait appeler pour lui recommander
son enfant.

Auber fait répondre qu'il est occupé.

La dame s'impatiente et insiste.

— Voyons !... madame, répond Auber exaspéré,
vous attendrez bien que j'examine monsieur, lais-
sez-moi vider mon ténor tranquillement !

*
* *

Un peintre de nos amis — s'il y a des peintres

parmi les amis — adresse de vives remontrances à un critique influent qui avait promis de dire du bien de ses œuvres et qui n'en a pas dit un mot.

— 'Voyons!... fait celui-ci, qui veut excuser son oubli négligent, c'est vrai, je n'ai pas dit du bien de ton tableau; mais j'ai tellement dit du mal de ceux des autres!

∴

Desgenais chez un jeune ménage.

— Comment, demande-t-il au mari, vous battez déjà votre femme?

— Mon cher, j'ai remarqué que, dans un couple quelconque, il y en a toujours un qui bat l'autre.

J'ai préféré commencer!

∴

SCÈNE DE MÉNAGE.

— Il y a une lettre?... eh bien, puisque tu as l'habitude de les ouvrir toutes, dis-moi d'où elle vient.

— Pardon, fait la dame vexée, je les décachète quelquefois, mais je ne lis jamais ce qu'il y a dedans!

∴

Une aventure du duc de Bragance :

C'était, racontait-il l'autre jour à Chantilly, dans

un petit village espagnol. Il était une heure du matin, je frappe à la porte d'une posada.

— Qui va là? demande un horrible bonhomme...

— Dom Alphonse-Ramire-Juan-Pedro-Carlos-Francisque-Dominique de Roxas de Bragance...

— Ah! non... reprit l'hôtelier, je n'ai pas assez de lits pour tout le monde...

MAI

# MAI

Pourquoi, dans le langage naturaliste, mais consacré, dire à quelqu'un dans la débine : *Vous pouvez vous fouiller?*

On prétend que la France traverse une crise. En se fouillant, elle trouverait les revenus qui paraissent lui manquer.

*<br>* *

Chaque semaine, on annonce des découvertes qui enrichiraient des familles d'ouvriers, si, au lieu de chercher du travail à la surface du sol, ils le demandaient à quelques centimètres au-dessous.

A Saint-Étienne, on trouve mille pièces d'or datant de Trajan. Le soir, on pourrait les faire passer pour des napoléons!

11.

..

On nous a raconté une histoire à dormir debout sur un fusil à répétition allemand, volé pendant un bal, à Spandau, et dont le modèle aurait été offert au gouvernement français, lequel l'a refusé.

Nous le croyons parbleu bien !

A qui apprendrons-nous qu'il n'est pas possible de tenir secrète la disposition d'une arme, fusil, canon ou torpilleur? Est-ce que les États emploient des hommes masqués pour aller, au clair de lune, dérober un kropatchek ou un chassepot? Est-ce que, sitôt qu'une arme est construite dans une manufacture, il n'y a pas déjà deux mille ouvriers, qu'on ne peut museler, ni assassiner comme les amants de Marguerite de Bourgogne?

Il fallait être sous l'empire pour revêtir d'étuis des mitrailleuses dont les Allemands connaissaient depuis longtemps les prétendus effets !

Toutes les divulgations font rire les gens compétents, mais il faut rassurer le public. Les moyens sont tous révélés; la grande inconnue, c'est le résultat !

..

Un statisticien éminent vient de prouver que les 340 millions d'habitants de l'Europe consomment journellement 48 millions d'épingles, soit en chiffre rond, une épingle par quatre habitants.

Quand nous voyons ce résultat, nous nous consolons de voir tant de gens dont la cravate remonte au-dessus du col.

Mais la veine de M. Laffitte ne nous en paraît que plus extraordinaire. L'épingle qu'il ramassa dans une cour fut la cause de sa fortune! Et sur quatre habitants, un seul fait usage de ce talisman!

Une commission de seize membres fort érudits va étudier la question si controversée de l'écriture de Molière!

Croyez-vous qu'il s'agisse de savoir si une pièce nouvelle attribuée à Poquelin est réellement authentique? Point. Seize savants vont se creuser la cervelle pour savoir si un reçu de cent livres est attribué à faux à l'auteur de *Tartuffe*, de passage à Pézenas!

.·.

Nous avons annoncé, il y a quelques jours, que, d'après les rapports officiels de la préfecture de police, plus de quatre mille pauvres diables couchent, chaque nuit, à la belle étoile. Et « belle étoile » est une aimable paraphrase de poète, car, bien que Mars, Vénus et Jupiter soient signalés comme dansant un quadrille naturaliste au-dessus de nos têtes, le brouillard glacé nous empêche certainement de les voir.

Un philanthrope demande simplement que l'on ouvre aux pauvres diables les casernes et postes-bastions, qui sont inhabités, le long des fortifications de Paris.

Il est certain que ces murailles, qui firent le désespoir du maréchal Soult, ont une belle occasion de servir à quelque chose, et que n'ayant pu être très utiles contre les étrangers, elles pourraient servir à des Français qui ignorent encore les délices des sommiers élastiques.

Le général Boulanger, qui n'a aucun respect pour les routines et pour les usages ridicules, pourrait facilement prendre cette mesure militaire.

.·.

La querelle des Russes et des Anglais n'est rien à

côté de l'antagonisme qui règne entre les exposants de chiens et les exposants de chats.

Ceux-ci avaient triomphé; la terrasse des Tuileries avait été refusée aux chiens.

Les chiens viennent de prendre leur revanche : leur exposition annuelle aura lieu du 28 mai au 4 juin prochain, sur le terre-plein du quai de la Conférence, entre les ponts de la Concorde et des Invalides.

Ce sont les voisins qui vont être contents. Pourquoi ne pas avoir mis les chiens dans une rue aristocratique de Paris? A cette époque, les propriétaires des hôtels sont presque tous partis pour la campagne.

*
* *

Nous sommes dans le siècle des découvertes. Rien de surnaturel ne doit donc nous paraître extravagant, pas même les dernières expériences de l'amirauté anglaise ayant pour objet de calmer les vagues avec de l'huile.

Un navire ballotté par une mer furieuse lance sur les flots courroucés quelques bombes à l'huile, et la mer offre aussitôt la tranquillité du client endormi par son dentiste.

Mais pourquoi n'utiliserait-on pas plus tard cette huile qui aurait sauvé le navire de la tempête? Les sardines qu'on pêcherait dans ces parages oléagineux offriraient toutes chances de conservation.

Et puis, on pourrait peut-être établir, sur des bouées, des lampes Carcel, dont les mèches seraient alimentées par l'huile qui, après avoir sauvé les bâtiments du naufrage, servirait à éclairer les mers.

.•.

Calino s'indigne des expériences faites sur les condamnés à mort.

— C'est odieux! après l'expiation, le criminel a payé sa dette... on doit le laisser tranquille.

— Mais les expériences?

— Qu'on les fasse sur des vivants!

.•.

Le gros Chose, un noceur doué d'un formidable estomac et d'un appétit gigantesque, commence à éprouver des symptômes généraux de faiblesse.

— Je suis légèrement fatigué, disait-il hier; j'ai déjà les indigestions difficiles.

.•.

Au restaurant :

— Garçon... vous comptez un demi-poulet cinq francs?

— La moitié qui reste est si difficile à placer!

Un voisin, bonne pratique, demande ladite moitié. On lui apporte l'addition : « Demi-poulet, sept francs. »

— Comment! vous avez le toupet...

— C'était le dernier morceau de volaille qui nous restât : tout le monde voulait en manger!

*<br>* *

La grève des ouvriers tailleurs est venue tristement troubler le mois de mai.

La nature refleurit, les amoureux vont au bois. les hirondelles sont revenues : c'est l'époque où. suivant l'exemple des champs, le Parisien se commande une nouvelle culotte.

Et c'est le moment que les « pompiers, apiéceurs, culottiers, confectionneurs et tailleurs » choisissent pour terrifier le patron et désespérer le client.

Si encore ils avaient attendu l'époque des bains froids!

*<br>* *

Ce n'est pas sans un profond serrement de cœur que nous avons vu supprimer, ces jours-ci, les pompiers de la commune de Nanterre.

Ils étaient célèbres, comme les survivants du *Vengeur*, ou le dernier matelot du radeau de la *Méduse*. Ils furent chantés par Monréal et Janvier de la Motte, et s'ils n'éteignirent pas beaucoup d'incendies, ils allumèrent du moins bien des cœurs!

En cas de sinistre à Nanterre, les secours arriveront de Paris ou du Mont-Valérien.

Par ces temps **de** grève, les pompiers deviendront tailleurs, ce qui leur fera moins de peine. puisqu'il y a déjà beaucoup de tailleurs qui se disent pompiers.

.·.

X... a d'insupportables crampes d'estomac. Le docteur cherche la cause du mal.

— Évidemment, dit-il, vous fumez trop. Le tabac vous tuera.

— Avouez, docteur, fait X.... que c'est dur d'être fumé par ses cigarettes!

.·.

Lu sur l'album d'un psychologue :

« Quand vous hésitez entre deux femmes, ne vous décidez jamais. Vous regretteriez toujours l'autre! »

.·.

Deux amies de pension, nouvellement mariées, causent de leurs époux.

— Es-tu heureuse, au moins, toi?

— Hélas! j'ai épousé un photographe.

— Pourquoi hélas?

— Tous les soirs, ma chère, il me regarde fixe-

ment et s'endort en murmurant : « Ne bougeons plus! »

*
* *

Guibollard conduit au cimetière sa deuxième femme.

Arrivé au Père-Lachaise, il aperçoit un fossoyeur; il va à lui, et d'une voix brisée par l'émotion :

— Ça va toujours bien?

*
* *

Le général Farre a des émules en Belgique.

On a supprimé les tambours dans l'armée belge, — et, dit finement un journal d'Anvers, c'est à cette suppression qu'on doit attribuer leur absence à l'inauguration de l'Exposition.

Il y a une autre raison.

Tous les gens qui font sauter la caisse à Paris partent pour Bruxelles. La vue d'un tambour pouvait éveiller leurs remords. C'est pour cela qu'on les a supprimés.

*
* *

On sait que les plaideurs en divorce, en instance d'appel, attendaient depuis longtemps la solution de leur procès... et d'une importante question.

Les juges doivent-ils porter la robe rouge ou la robe noire pour les juger?

Les procès restaient suspendus devant cette grave contestation. C'est la robe rouge qui succombe. Il y a tant de procès qu'il est inutile de faire de grands frais de toilette. On prononcera sur l'appel en robe de tous les jours.

Heureuse chose que la fôoorme!

*
* *

Un savant statisticien a calculé que le papier employé à l'édition de la *Grande Marnière*, de Gé-

)·Ohnet, pourrait se développer en bande de 20 cen-
1 timètres de largeur, de Paris à la Grande-Char-
3 treuse.

Nous nous sommes mis immédiatement à un tra-
7 vail analogue.

Le papier employé au tirage du *Charivari*, déve-
lloppé pendant un an autour de la sphère terrestre,
ferait le tour du monde, depuis Paris, gare de l'Est,
jusqu'à Paris, gare Montparnasse, en passant par
Berlin, Pétersbourg, Pékin, San-Francisco, New-
York et le Havre.

L'encre employée par les chroniqueurs et les
dessinateurs du journal, depuis sa fondation jusqu'à ce jour, pourrait alimenter les réservoirs de
Montsouris pendant une période de trois mois.

C'est beau, la science!

Nous défions, d'ailleurs, nos contradicteurs d'essayer la preuve du contraire, en nous montrant,
par la pratique, l'inexactitude de nos calculs!

*<br>* *

Voilà trois mois que nous avions à l'hôpital de
Cherbourg un roi nègre prisonnier, et nous l'igno-
rions! Et on ne l'a pas amené à Paris, comme le
Torpilleur n° 68, pour le montrer à la population!

On va le rapatrier, ce pauvre roi Humbô, et l'on

prétend que la France lui aura montré sa grandeur, parce qu'elle l'aura soigné dans un hôpital dont les fenêtres donnent sur l'arsenal de Cherbourg.

Est-ce qu'on n'aurait pas dû recevoir ce prince dans le carrosse de l'Hippodrome? Est-ce qu'on n'aurait pas dû lui montrer Paris, le ballet de l'Eden, et une grande revue à Longchamps?

Ou ce roi a une influence dans son pays, et nous aurions dû lui donner une fête à Versailles, comme du temps du schah de Perse ; ou ce monarque peu vêtu n'est qu'un nègre sans valeur, et l'on aurait pu le laisser dans ses États sans le conduire dans un hôpital maritime.

*.*

Le pendant de l'affaire Corot-Trouillebert.

L'étiquette suffit donc à l'acheteur? Et son opinion personnelle sur l'œuvre qu'il achète ne signifie absolument rien?

Comme c'est vrai partout! Un médecin s'installe, il y a quelque temps, dans un des plus beaux quartiers de Paris. Il a un nom étranger, des salons meublés avec un luxe inouï. La réclame marche grand train, le public afflue. On s'inquiète même de cette affluence extraordinaire, et la police cherche à savoir quels sont les titres de ce médecin étranger. Le diplôme n'était peut-être pas valable?

Mais le médecin exhibe un excellent diplôme de docteur de la Faculté de Paris, en ajoutant :

— Ne dites pas que je suis un simple médecin français, vous me ruineriez!

*
* *

La saison n'est pas bonne, cela est certain.

Le commerce se plaint et le beurre devient hors de prix.

Mais il y a des maisons qui n'avoueront jamais.

— Avinain les a bien dressées.

On nous cite une grande maison de couturière extraélégante, où l'on utilise les employées à jouer la clientèle. Ces demoiselles sont attifées d'une façon charmante. Sitôt qu'un coup de sonnette annonce une vraie cliente, trop rare, hélas! la ruche se met en mouvement. Les demoiselles qui font « celle qui achète » prennent des airs dédaigneux et se contournent devant les glaces. Les autres employées bousculent tout, promènent les cartons, et montrent la plus louable activité.

Quand la cliente sort de la maison, elle est absolument étonnée.

— Ah!... chère amie, répète-t-elle partout, il n'y a en ce moment à Paris que cette maison qui travaille!

12.

*
* *

Une coquille diplomatique :

« **M.** le marquis Tsing est reparti pour Londres avec une forte *cuite*. »

C'est *suite*, n'est-ce pas?

Farceur de marquis, va!... Il est capable de tout.

*
* *

L'Académie française a couronné cette semaine bien des vertus. Dieu nous garde d'en rire! Les gens qui palpent de vingt-cinq à cinquante louis pour avoir été vertueux n'ont pas, en général, volé leur argent et ont bien joué dans la société leur rôle de terre-neuve.

Et pourtant l'Académie s'est trompée quelquefois. Se souvient-on du nommé Caillet, qui recueillit le prix Montyon en 1852? On s'aperçut quelque temps plus tard que c'était un forçat en rupture de ban.

Voyez-vous Marquelet prix de vertu? Quelque chose comme Cora Pearl rosière.

*
* *

Restons à l'Académie, qui a reçu Jean Aicard

dans son vestibule, en attendant qu'elle le reçoive dans ses bras.

Jasmin eut aussi ces honneurs de l'apparition. Il arriva avec son volume patois et débita ses vers, dont personne ne comprit un mot. Jasmin avait un gilet à fleurs, une veste bleu de ciel, une culotte enrubannée et un soupçon de poudre sous le classique béret. — Le Jasmin des Muses!

Il eut un succès énorme — de costume. Depuis lors, l'Académie n'a jamais couronné d'œuvre patoise.

*  *

Les artistes reçoivent, en témoignage d'estime, des couronnes et des palmes, — quelquefois des palmes d'Académie.

Rien d'étonnant.

Voici que les dilettanti parisiens, ne sachant que faire pour témoigner leur admiration à M<sup>lle</sup> Nevada, viennent d'envoyer à la sympathique artiste... devinez quoi?

La plume de Bellini!

La plume qui a écrit *Norma!*

Va-t-elle la faire mettre à son chapeau ou s'en servira-t-elle pour signer des engagements brodés de millions?

D'où vient-elle, cette pauvre plume? Est-elle d'oie? est-elle de fer? A quel moment un admirateur enthousiaste s'est-il précipité sur le bureau de l'auteur des *Puritains*? A-t-il également emporté l'encrier, le buvard, la règle et le pulvérin du grand homme?

Mystère et adulation!

Comme eût dit M. Prudhomme : « Cette plume est une bouteille à l'encre! »

La direction des Beaux-Arts avait ouvert un concours pour la décoration du plafond du Musée astronomique de Paris.

Le résultat du concours nous apprend le sujet choisi : le passage de Vénus sur le Soleil.

Au point de vue astronomique, la reproduction aura l'air d'une araignée dans un plafond.

Pourquoi aller chercher des sujets aussi ardus, quand on pouvait peindre Bischoffsheim découvrant des étoiles, ou prendre tout simplement un décor du *Voyage dans la Lune*?

L'association générale des étudiants avait demandé à la Préfecture de police d'adopter une décoration pour donner à ses membres un signe de ralliement.

La Préfecture a refusé, sous le prétexte que la décoration en question rappelait trop la forme de la palme d'officier d'Académie.

Pourquoi ne pas adopter simplement la carte d'étudiant, au bout d'un fil, comme les cartes du pesage ? Les étudiants se reconnaîtraient, et, de loin, ils auraient l'air de revenir des courses, sans y avoir perdu leur argent !

*
* *

L'autorité a fait afficher à Sarreguemines le nom des ivrognes notoires de l'endroit, avec défense aux cabaretiers de les recevoir et de leur fournir des liquides.

Un joli titre : ivrogne notoire !

*
* *

La semaine portera le nom de la semaine du Torpilleur. Le Salon, le boulevard, les théâtres, la politique ont été oubliés et dédaignés. Le petit navire, qui n'a pas encore beaucoup navigué, a été l'objet de la curiosité publique.

Seulement, on trouve que le torpilleur a été trop modeste. Pour bien faire les choses, le ministère de la marine eût dû faire manœuvrer le cuirassé, et au besoin faire sauter deux ou trois écoles de natation. Au profit des pauvres, c'eût été une recette fabuleuse!

*
* *

A défaut de muscles, les successeurs d'Arpin sont décidés à étonner le monde par leurs boniments.

Lisez :

SUR L'HONNEUR, C'EST LA DERNIÈRE

## LUTTE CLASSIQUE

*Halte-là, Français!*
*On ne passe pas sans lire.*

Français,

La race humaine est dégénérée!!! disent les détracteurs de notre grande époque. Mensonge! Mensonge! Qu'ils viennent assister à ces luttes infernales, vertigineuses et abracadabrantes!!! qu'ils viennent, et ils se demanderont, après avoir touché ces athlètes, comment ces muscles si durs

qu'on les dirait forgés par Vulcain peuvent avoir
tant de souplesse et d'énergie ; qu'ils viennent, et
ils le reconnaîtront s'ils sont de bonne foi. Rap-
pelons-nous que Démosthènes lui-même, après
avoir concouru pour les lauriers du Sphinx, venait
aussi moissonner ceux de la lutte. La main qui
savait écrire les *Atrides* savait aussi manier le
glaive et lutter corps à corps avec leurs ennemis ;
semblables aux anciens preux chevaliers du moyen
âge, ne cédant pas une semelle de leurs duchés à
leurs adversaires. La lutte est plus qu'un noble
passe-temps, elle devient presque une institution ;
la lutte, par l'exercice du corps, c'est la vie ; l'en-
gourdissement, c'est la mort !!!

Une « semelle de leurs duchés » est un chef-
d'œuvre.

*<br>* *

Un journal s'indigne de voir des enfants habillés
en jeunes miliciens scolaires distribuer des prospectus, ou conduire des tapissières de courses en
uniforme.

Qu'il se rassure, il en verra bien d'autres !

Nous avons assez protesté contre cette inutile
mascarade de petits garçons qui profitent de leur
uniforme pour jouer perpétuellement de la trom-

pette. Au moins, quand ils distribuent des prospectus, ils n'écorchent pas les oreilles !

On parle d'un malheureux mari qui, se sachant trompé, s'est jeté dans la rivière.

— Voilà ce que c'est que d'avoir des cornes, ça vous inspire des coups de tête !

Edison n'avait rien inventé depuis quelque temps ; nous commencions à nous ennuyer.

Voici son dernier succès :

Le phototéléphone.

Les vibrations du téléphone sont transmises sur une plaque de verre recouverte de collodion et rendue sensible comme les plaques de photographie. Le diaphragme du téléphone, en vibrant, ouvre et referme un petit volet de telle sorte que le rayon lumineux vient constamment développer une ligne noire sur le verre.

On peut ne pas être chez soi et retrouver en rentrant la conversation qu'on vous a tenue.

Surveiller la conversation de sa femme, quel progrès !...

Edison, merci !

*
* *

Le Vatican est décidé à marcher avec le progrès.

Ce n'est point ici le lieu de discuter la réconciliation avec le Quirinal.

Mais il faut bien reconnaître que le mouvement l'emporte.

On a placé des téléphones dans la basilique de Saint-Pierre, et le pape s'en sert pour causer avec les camériers, les évêques, les cardinaux et les moutardiers.

Les fidèles obtiennent une audience téléphonique qui a autant de succès qu'au musée Grévin.

Quel dommage que le pape n'ait pas sollicité du ciel la pose d'un fil direct entre le Vatican et le paradis !

.˙.

On parle d'un mari, mort quelques semaines après son mariage.

— C'est un homme bien heureux!... dit une amie. il n'a pas vu les débordements de sa veuve!

.˙.

Un proverbe arabe, qui ne manque pas de charme :

« Les maris jaloux sont comme les bouchons sérieux; ils enseignent où est le bon vin! »

.˙.

Boulimard prétend que lui, Marseillais. a l'oreille la plus fine du monde.

— Ainsi. mon cer. la nuit. ze suis réveillé par une puce...

— Moi aussi, par la démangeaison...

— Moi. mon cer... ze l'entend marcher!

.˙.

A un diner de relevailles.

Le parrain. qui est à la droite de la jeune mère. se lève :

— Messieurs... je bois à l'heureux père !...

La maman, à voix basse :

— Ne le nommez pas !

*<br>* *

Pepita est très aimée.

— Faut-il que mon propriétaire soit fou de moi, disait-elle hier ; le 15 octobre, il m'a préférée à son terme !

*<br>* *

Au restaurant :

— Jules... demande Gontran, qui arrive avec une momentanée, avez-vous un cabinet parti-culier ?

— Impossible, monsieur... ils sont tous en main !

*<br>* *

On ne saura jamais à quel point les *impresarii* veulent flatter le public.

Dans une ville d'Algérie, on imprime couram-ment :

CE SOIR, REPRÉSENTATION DE<br>*Guillaume du Tell*

Ça lui donne de la couleur locale !

.·.

— Comment es-tu maintenant avec ton vieux baron ?...

— Très heureuse, ma chère...

— Il est riche ?

— Comme Crésus... Et d'un calme! Il éclaire, et il ne brûle pas... Mon rêve!

.·.

Les pochards l'ont échappé belle : la Chambre a failli doubler les droits sur l'alcool.

Avant-hier, un aimable ivrogne passe en correctionnelle.

— Vous êtes largement imbibé, constate le président.

— C'est vrai, répond l'autre en titubant, on disait qu'on allait augmenter les droits... alors j'ai voulu faire des provisions d'avance !

.·.

La baronne de Z... détaille à sa couturière la façon dont elle désire son corsage :

— Très décolleté, vous savez... et en même temps capable de retenir... Enfin je veux mon corsage à la mode...

— A la mode de Caen !...

*
* *

Gustave se fâche avec Liline.

— C'est incompréhensible et monstrueux... tu me dis encore que tu m'aimes... et tu me trompais...

— Faut être juste... ce n'était pas à la même heure.

*
* *

Entendu crier sur le boulevard :

— Demandez le *Pêle-Mêle Gazette*, ou la vérité sortant de Londres !

*
* *

Devise de notaire, recueillie en province :
« Pas de paroles... des actes ! »

13.

Le jeune Balandard est toujours fourré dans les jupons de ses bonnes.

— Il est beau garçon, disait hier Justine.

— Peuh! fait Ernest, une figure de cotillons!

JUIN
GARE
GARE D'ORLEANS

# JUIN

On se plaint de tous côtés que les littérateurs deviennent obscènes, que les moralistes arrivent à être graveleux et que les romans nouveaux passent à l'état de cartes transparentes.

Une nouvelle école se forme : l'école de l'honnêteté. La littérature morale, comme ce qu'eût pu être le théâtre moral de Paul Féval.

Voici un spécimen de cette nouvelle littérature. Nous copions textuellement :

Pour employer mes loisirs forcés de chroniqueur, je me suis amusé avec les petits enfants et les hannetons. Tandis que les mioches attachaient le fil à la patte d'un hanneton, qu'ils le faisaient voler en chantant gaiement : « Hanneton, vole ! vole ! » moi, j'ai étalé sur mon pupitre une jolie feuille de papier à lettre, j'ai pris une cétoine, vert doré, vulgairement connue sous le nom de hanneton de roses, j'ai trempé sa tarière dans l'encre, et du bout d'un porte-plume dirigeant sa marche, je l'ai forcé à promener de telle façon qu'il écrive lui-même ces mots : *Rose de mai, amour.* Mais l'insecte capricieux a fait une faute d'orthographe ; il a écrit : *Rose de mes amours.* »

Est-ce gentil ?

.*.

Nouvelles du *hig-life.*

Le nouveau parapluie à la mode est le riflard mince et allongé, surmonté d'une tête d'oie et de canard en argent.

Les oies savantes du Cirque d'hiver ont donné le *la.*

On portera des oies en broche, en boucles d'o-

reilles, en pommeau de canne. Un jeu de l'oie re-
nouvelé des Grecs.

Et que de gens auront l'air d'être en famille !

*  *

On annonçait l'autre jour la découverte d'un cheval marin par le capitaine Seymour, du baleinier
américain *Hope-On*.

Nous avons d'excellentes nouvelles de ce canard...
pardon !... de ce cheval marin. On a pu le har-
ponner, et l'autopsie a fait découvrir dans le ventre
de cet habitant des ondes, qui eût fait jadis la joie
du *Constitutionnel* :

Deux bouteilles d'eau de Saint-Galmier,

Un bock avec sa mousse,

Un ballon rouge,

Une tête de mouton,

Deux douzaines d'huîtres,

Un costume de cocher des Petites-Voitures,

Une casquette à trois ponts, etc.

Ce cheval se nourrissait comme un simple cheval
de fiacre parisien.

*  *

Un statisticien de nos amis calcule en ce moment

le nombre de gens qui exercent la même profession dans la même rue. Il y a des gens à Charenton qui ne sont évidemment pas plus malades.

L'ami nous annonce que, soit hasard, soit calcul, il n'a pas trouvé un seul banquier ou un seul changeur rue Vide-Gousset. (Ces gens-là n'ont pas le courage de leur opinion.)

Il n'y a pas un hydropique rue Richepanse, et pas un Russe boulevard de Sébastopol.

Constatons enfin qu'il n'y a pas un seul cercle dans la rue du Bac.

.·.

La reine d'Angleterre, ne sachant comment manifester sa joie — ou sa reconnaissance — à M. Gladstone, vient d'offrir à son ex-ministre le titre de comte.

Louis-Philippe avait aussi offert la même faveur à M. Guizot.

Ce dernier répondit que, quand on s'appelait Guizot, on n'avait pas à changer de nom. M. Gladstone a agi de même, et on ne saurait trop l'en féliciter.

Mais que les mœurs, aujourd'hui, sont différentes! Jamais M. Grévy n'a songé à offrir à M. Jules Ferry le titre de baron ou la couronne de marquis.

*<br>
* *

Le syndic, — pardon, le *dic* du Conseil municipal,
— M. Mesureur, aurait dû ajouter un changement
aux noms des rues qu'il a débaptisées. La rue de
Laval devrait s'appeler rue du *Chat-Noir*.

> Les rendez-vous de noble compagnie
> Se donnent tous en ce charmant séjour !

Le bock est servi par des garçons vêtus en aca-
démiciens. Les membres fondateurs, qui se réunissent à l'Institut, prononcent des discours plus
gais que celui de M. Duruy, et le gouvernement
italien ne leur octroie même pas la couronne de
fer.

Le bureau du rédacteur en chef du *Chat-Noir* est
au premier : il porte une inscription que pourraient
d'ailleurs adopter toutes les feuilles plus ou moins
sérieuses de Paris :

« Entrez, si vous avez quelque chose dans le
ventre ! »

Il y a pas mal de gens qui se trompent sur la véritable destination du cabinet.

On démolit tout à Paris. Le *Chat-Noir* mérite
d'être cité comme diapason de la nouvelle gaieté
française et du dernier genre de l'esprit soi-disant
parisien.

.*.

Les journaux cléricaux ne manquent jamais une occasion de se moquer agréablement des ouvrages adoptés par les établissements laïques.

Nous avons vu un Molière, arrangé à Limoges pour les jeunes gens, qui est le dernier degré de l'art et le comble de la fantaisie.

Tous les noms de femmes sont enlevés. Dorine s'appelle Dorin ; Martine, Martin ; Arsinoé, Arsinoüs.

L'*Amour médecin* se nomme l'*Amitié médecin*, et l'*École des femmes* s'appelle l'*École des garçons*.

Ce Molière, à l'usage de la jeunesse, est adopté par les écoles congréganistes ; il aurait certainement quelque succès au Palais-Royal, mais comme il serait intéressant à la Comédie-Française !

.*.

Simple statistique :

De 1849 à 1870, on a dépensé, en remplacement des plaques de rues, la somme de trois cent mille francs !

De 1871 à 1885, les changements ont nécessité plus de quatre cent mille francs de dépenses !!!

Le conseil municipal se trouve assez riche pour payer nos gloires.

*
* *

Chaque semaine, on lance dans nos ports un nouveau cuirassé, et on s'étonne, nous disait M. Prudhomme, que la Dette flottante ne fasse qu'augmenter.

Un cuirassé coûte des millions, et un petit torpilleur de 75,000 francs suffit à le couler en quelques secondes.

Est-ce qu'il ne serait pas logique, dès lors, de consacrer les 75,000 francs aux cuirassés et les millions aux torpilleurs?

*
* *

Le *Bal des bêtes*, donné dans le grand monde, va avoir sa contrefaçon dans le demi. Une de nos grandes joyeuses organise pour cette semaine un bal analogue. Ce qui prouve combien l'imagination humaine est pauvre; il eût fallu trouver du nouveau.

Ne suffit-il pas pour notre siècle d'avoir déjà vu plusieurs fois une demoiselle, habillée en grue, ouvrir la fête, avec un monsieur vêtu en lapin?

Pourquoi ne pas donner un bal dans une école de natation, un beau soir d'été, tous les danseurs étant en crapauds ou en homards, les dames en grenouilles ou en langoustes ? Au moins, le service des rafraîchissements serait assuré !

.·.

Encore une illusion qui s'en va.

Thérésa va en frémir d'horreur.

Le *Pied qui r'mue*, cette chanson qui eut la prétention d'être bien française, est une chanson patoise de Nicolas Fizes, qui se disait dans un opéra joué à l'occasion des fêtes de la paix de Nimègue, sous Louis XIV.

Bientôt peut-être nous allons apprendre que les Croisés allèrent en Palestine en hurlant le *P'tit bleu*, et que le *Parapluie bleu de mon oncle Matthieu* fut la chanson favorite de Charles-Quint.

Après tout, c'est bien Ravaillac qui avait trouvé le fameux : Descends donc de ton cheval !

.·.

Il est question d'abolir l'impôt sur le papier à partir de janvier 1887.

Ce n'est pourtant pas l'impôt qui gêne les écrivains. Jamais on n'a gaspillé plus d'encre, ni barbouillé autant de pages blanches, qui valaient toujours quelque chose une minute auparavant.

Jamais les trottoirs n'ont été plus envahis par la floraison de feuilles bizarres et éphémères. Quand l'impôt sur le papier n'existera plus, la dernière digue sera brisée. Nous succomberons sous une avalanche de prospectus et de journaux.

*
* *

Avis aux siffleurs.

Le droit qu'à la porte on achète en entrant vient d'être confirmé par la Cour de cassation. D'après l'arrêt de cette semaine, il est permis de manifester son opinion, soit en frappant des mains, soit en tapant avec sa canne, soit en soufflant dans une clef.

Et ni convenances, ni commissaire de police ne peuvent s'y opposer.

La Cour de cassation n'est pas galante, car elle autorise de jolis potins dans les débuts des théâtres de province. Et pourtant siffler n'est pas jouer !

*
* *

Un grand nombre de gens se sont étonnés de voir l'État fournir le bronze de canons pris à l'ennemi pour élever les statues de Gambetta et de Joubert.

Quelques-uns se sont même irrités de ce que Joubert, qui a combattu en Italie, profitât des ca-

14.

nons chinois, et que Gambetta bénéficiât d'un résultat quelconque du Tonkin.

Puisqu'on s'est quelquefois servi des bronzes des statues pour faire des canons, aux heures de la guerre, nous ne voyons aucun empêchement à ce

que, pendant la paix, on fasse des statues avec des canons.

Surtout quand ce bronze est parfaitement inutilisable d'une autre façon. On ne prend pas des canons pour les revendre au marché de la ferraille; tant vaut-il s'en servir pour célébrer Gambetta et pour immortaliser Joubert.

.·.

Il paraît qu'un des principaux agents de la cour

de Hué est une femme, la veuve Tu-Sô, dont le mari a été tué en combattant contre nous. La veuve Tu-Sô, qu'il ne faut pas confondre avec le musée du même nom, a levé des bandes qu'elle équipe et dirige, vouant à la cause française une haine implacable.

Dire que si cette Vénus jaune était dans nos rangs, nous lui trouverions l'héroïsme de Jeanne Hachette et la grandeur de Jeanne d'Arc !

*
* *

Il faudrait être vraiment bien sceptique pour ne pas voir la main d'en haut, dans l'incident qui vient de rapporter un héritage au préfet de la Seine.

Le Conseil municipal n'a pas été tendre pour M. Poubelle. Il l'a conspué, l'a privé de domicile, l'a accablé sous les ordures pour lesquelles l'infortuné avait inventé une boîte.

Aussi, une bonne âme, un malheureux décidé à se pendre, a-t-il voulu compenser ces maux par une attention délicate, et, en se suicidant, il a laissé sa fortune au préfet de la Seine.

Maintenant, M. Poubelle pourra affronter les luttes avec chance : il aura à la fois l'héritage et la corde du pendu.

.*.

Et, à propos de corde de pendu, rectifions un proverbe qui a mal été compris.

Ce n'est pas la corde du pendu ordinaire qui peut porter quelque chance au possesseur.

C'est la corde qui a cassé au moment de la pendaison, laquelle a sauvé le condamné ou le suicidé : elle est alors synonyme de veine surprenante, et c'est seulement dans ce cas qu'elle peut servir de mascotte.

Avis à toutes les dames qui portent de la fausse corde dans leur porte-monnaie !

.*.

Nous avons eu, ainsi que le président de la République, — sans comparaison, — l'honneur de voir les chefs arabes qui viennent cimenter à Paris l'alliance de la France et du Désert.

Si Eddin ben Hamza, agha des Ouled-Sidi-Cheick, Si Hamza et Mohamed-Ould-Kadi promènent à Paris leur burnous authentique; ils pourraient répondre, comme le doge de Venise, que ce qui les étonne le plus dans la capitale, c'est de s'y voir.

Mais Si Eddin ben Hamza est plus philosophe.

— Vous avez inventé bien des choses, nous disait-il hier : les tramways, le téléphone et le reste. Mais c'est égal. malgré tout cela, vous n'avez pas encore trouvé le moyen de nous empêcher de mourir.

Faites donc des découvertes !

*⁎*

Le sergent Ebrard. que le conseil de guerre vient d'acquitter à l'unanimité, présente, au point de vue moral, une étude qui eût beaucoup servi aux législateurs sur la récidive.

Quelle nature bizarre et quelle conclusion logique peut-on tirer de la responsabilité humaine?

Voilà le sergent qui, déserteur, faussaire, voleur, pille la caisse du régiment, dévalise ses camarades, enlève des montres, dilapide le prêt de la compagnie et se livre à tous les crimes que peut concevoir un homme qui a le mépris du bagne.

Puis, condamné à deux cent vingt-cinq ans de travaux forcés, plus à trois cent deux ans de surveillance, voilà le sergent qui s'engage dans la légion étrangère. qui devient le modèle du soldat loyal et parfait. Il n'y a pas de plus noble héros dans le combat. ni de plus honnête fourrier au campement. A Lang-Son. il mène la compagnie à l'assaut, le général Négrier lui donne la médaille militaire, et le malheureux, criblé de blessures, amputé d'un bras, est dénoncé par un camarade qui l'a reconnu.

N'est-ce pas que tout le monde eût acquitté Ebrard et condamné le camarade? Mais que penser de la logique en face de la vertu?

.·.

L'idée d'offrir une médaille aux élèves des bataillons scolaires qui ont paradé l'autre jour peut partir d'un bon naturel, mais est tout au plus digne d'un conseiller municipal.

— Si jeune et déjà fils d'un général! disait Guibollard.

Ils seront jeunes et généraux eux-mêmes.

Ces jeunes élèves qui grandiront, quoique point espagnols, auront à dix-huit ans le fusil qu'on refuse à la garde nationale, le clairon, dont les Parisiens vulgaires ne peuvent jouer que le Mardi gras; ils auront les grades et les épaulettes pour lesquels les vrais soldats se font tuer, et leur poitrine sera constellée de médailles commémoratives.

Quel panache! ô Gondinet!

*
* *

On cause d'un malheureux qui est outrageusement bossu.

— Il a une bosse énorme... le cou dans les
épaules...

— Oui, ajoute un philosophe... C'est très gênant
quand on doit se faire guillotiner !

*
* *

La belle M^me de Z... se plaint d'un ami fort impertinent.

— Croyez-vous qu'hier il m'a donné quarante-
deux ans !

— Qu'est-ce que ça vous fait? ajoute quelqu'un. Il vous les a donnés, mais vous ne les avez pas pris !

.·.

Une petite soirée intime et joyeuse.

M^me Prudhomme insiste auprès d'un médecin-écrivain pour lui faire raconter quelque anecdote intéressante.

Lui, *plein de gaieté*. — Mon Dieu ! puisque vous insistez, je vais vous lire mon dernier travail sur la rigidité cadavérique !

.·.

Zénaïde est furieuse contre un de ses invités.

— Croyez-vous?... Un homme qui enlève mes cure-dents !...

— En effet, murmure un ami.. C'est par le cure-dent qu'on commence, et c'est par la maîtresse de maison qu'on finit !

.·.

Anita est furieuse contre son amant.

— Un homme à qui j'avais rendu tant de services !... M'en refuser un en porcelaine !

*
* *

La comtesse de Bolivar est une femme très bien
conservée.

— Je dois cela à ma froideur, disait-elle hier.

— Comment donc?...

— Rien ne conserve mieux que la glace !

*
* *

Guibollard a toujours des comparaisons extraordinaires.

Hier, il commence :

— J'ai connu un de mes amis sourd comme un
Edgard Poë...

*
* *

La baronne de Sainte-Éprouvette demande in-
discrètement à quelqu'un :

— Voyons, là, franchement, quel âge me donnez-
vous?...

L'ami, *embarrassé.* — Madame, pour l'esprit, vous
êtes du siècle dernier !

*
* *

Bébé est sans pitié pour sa mère.

— Maman?... Quand elle a mal aux cheveux, elle les ôte!

.*.

Un examinateur fait passer des examens au jeune R..., le fils d'un richissime banquier.

— Quel est le roi qui régnait en 1645?

— Louis XIII ou Louis XIV...

— C'est très bien, continue le professeur, je sais que dans votre famille on n'en est pas à un Louis près!

.*.

Dubonnel est un bohème qui, jusqu'ici, portait des cols en papier, des manchettes de carton, et empruntait de temps à autre une chemise.

Avant-hier, nous le rencontrons brillant et joyeux.

— J'ai hérité... nous dit-il, je me suis mis dans mon linge!

* *

Aux examens de baccalauréat.

— Qu'est-ce qui vous a le plus frappé, monsieur, dans l'histoire romaine?

Le potache, froidement :

— Monsieur, c'est la chasteté de Lucrèce!

* *

On a recommandé à Guibollard d'être très doux pour son nouveau domestique, l'indulgence étant encore le meilleur moyen de s'attacher un vrai serviteur.

— Joseph, dit-il, vous aurez votre chocolat à huit heures; mettez vos bottines devant la porte, et si vous avez besoin de moi cette nuit, vous sonnerez!

* *

Une *momentanée* demande gentiment à un ami :

— A propos... tu t'appelles Louis? Qu'est-ce que tu vas me donner pour TA fête?

* *

Pourquoi dit-on quelquefois cette phrase ridicule :

— J'ai eu, je crois, le plaisir de vous rencontrer à l'enterrement de...?

Ce n'est peut-être pas très gentil pour le défunt, mais ça vient si naturellement !...

\.\.

Boirot fait ses compliments à une jeune dame.

— Oh ! les jolies lèvres fines que vous avez... on dirait une pince à sucre !

\.\.

Dans un salon : on excite un poète à lire ses poésies. Celui-ci résiste mollement.

— Quel poseur ! murmure quelqu'un, il faut toujours lui tirer les vers du nez !

* *

Deux demoiselles causent morale à la sortie de la réunion de la *Ligue des Femmes :*

— Les hommes veulent que nous supportions toute notre vie les conséquences d'une faute !

— Ah ! vrai... C'est bien assez de les supporter pendant neuf mois !

* *

M. Prudhomme est chez don Guibollardo, peintre andalou.

— Vous faites une vue d'Espagne... Le voyage est un peu heurté.

— Ah ! vous savez, c'est fait d'après nature, pendant le tremblement de terre !

* *

En province.

On joue la *Tour de Nesle.*

Buridan, encore émotionné des explosions de Londres, s'écrie avec enthousiasme :

— Ah ! Marguerite... la belle nuit pour une explosion à la tour !...

* *

Au bal de l'Opéra :

Un domino se cramponne au bras d'un monsieur très affairé.

— Qu'est-ce que tu cherches? demande ce dernier au domino.

— Je cherche un monsieur.

— Tiens... c'est comme moi!

Même bal.

Gontran emmène souper une jeune Mexicaine qui, au moment de sortir, appelle une vieille dame outrageusement décolletée.

— Tu sais, j'amène maman... Elle n'aime pas à rester seule.

— Voyons ! fait Gontran, je ne peux pourtant pas lui dire d'inviter quelqu'un.

Anita montre à son ami son costume pour le prochain bal.

— Mais il est trop décolleté! fait celui-ci. Ce n'est pas un travesti, c'est un montre-tout... une salle de dépêches !

Mᵐᵉ Cardinal gronde sa fille.

— Tu ne devrais avoir que des liaisons durables ! Qu'est-ce que c'est que ce petit Paul?

— Je pensais qu'il m'aurait aimé longtemps, maman ; il avait apporté ses pantoufles.

*
* *

Le journal parlé fait son apparition ces jours-ci.

Tous les aveugles — véritablement aveugles — de Paris se sont fait inscrire comme abonnés.

Dame!... le seul journal que ces malheureux puissent lire!

*
* *

Dans une brasserie galante de la Chaussée-d'Antin.

Un gommeux entre, distrait :

— Une paire de gants, s'il vous plaît?

— Faites donc attention, fait la demoiselle, maintenant nous vendons des livres.

*
* *

Une coquille :

« Dans huit jours, dit une feuille ministérielle, la Chambre se réunit. On prévoit une crise à l'ouverture de la scission. »

La session, n'est-ce pas?... Du reste, cela revient au même.

*
* *

Un écho du dernier voyage au Havre.

Au moment où le cortège arrivait devant Tor-
toni, un Alphonse — il y en a partout — bouscule
une de ses amies, M^lle Suavita.

— Allons, bon!... fait un Parisien, encore du
département des scènes maritimes!

JUILLET

# JUILLET

La direction de la Sûreté générale s'épuise en circulaires sur le règlement des jeux dans les casinos.

La canalisation du vice.

C'est pourtant le jeu qui fait vivre les villes d'eaux. Il sert à fonder les plages avec une étonnante rapidité. Dévoilons le moyen.

Vous emmenez avec vous un monsieur, flanqué

d'une horizontale, sur des rochers déserts. Vous vous mettez à jouer au baccarat à trois. Au bout de cinq minutes, dix amateurs surgissent à l'horizon. On plante un fanion, et comme il faudra coucher là, on construit une tente.

Le lendemain, on est trente, et par un prompt renfort, ainsi que disait le Cid, on se trouve deux cent cinquante le troisième jour. Un industriel établit une table d'hôte; à la fin de la semaine, une société a bâti un casino.

La plage est fondée.

Et l'on parle des résurrections de Chicago!

.·.

Les plans pour l'Exposition de 1889 se succèdent en ne se ressemblant pas. Rien n'est décidé, mais ce qui est bien certain, c'est que, sans parler de la période fatalement insipide de l'Exposition elle-même, nous allons pendant quatre ans être rasés par les projets, les devis, les plans et les contre-plans.

Pour nous, ce serait simple. Il suffirait de construire à la campagne, au bord d'un étang de préférence pour les pêcheurs à la ligne, une petite ville où viendraient se réfugier les Parisiens envahis.

Paris serait livré aux architectes qui, pendant ce temps, pourraient à leur gré mettre la Colonne à la place de l'Arc de Triomphe, et transporter l'Opéra sur le Champ de Mars, si cela leur convenait. On laisserait les exposants et les visiteurs se ruiner complètement, et les Parisiens de la petite ville rentreraient alors dans leur capitale, à l'abri de toute nouvelle exposition.

*<br>* *

En attendant les bouleversements que vont occasionner à Paris le Métropolitain, les grands travaux de l'Exposition, on s'acharne sur les environs.

La forêt de Saint-Germain va devenir un dépotoir.

Aujourd'hui, c'est l'île de Croissy qu'une main féroce rase impitoyablement. En vain les canotiers de Chatou, de Bougival et les notables habitants s'étaient-ils réunis pour offrir de racheter Croissy.

Les arbres sous lesquels se sont reposés tous les marins de la Grenouillère vont être vendus comme vulgaire bois à brûler ! Et quand reviendra le printemps, tout sera triste à Croissy...

Excepté les pervers et les marchands de bois !

*

Ronsard fut créé par Charles IX, le 14 novembre 1570, chevalier de l'ordre du Christ, comme « gentilhomme Vendômois, l'honneur de la République françoyse » ainsi que dit une lettre conservée aux Archives nationales.

*
* *

— Si M. Chevreul avait simplement le triple de son âge, nous disait hier Guibollard, il aurait pu tirer sur le peuple avec Charles IX et sur les lapins, à Mont-sous-Vaudrey, cette année.

*

La Chambre a supprimé l'impôt sur le papier.
— Vous verrez, dit Calino, qu'on ne diminuera pas, malgré cela, la valeur des billets de banque.

*

Le ministre de la guerre vient de faire expérimenter des ponts portatifs, destinés au service des armées en campagne.
Un pont de 21 mètres a été lancé en vingt minu-

tes. On rassembla un certain nombre d'éléments triangulaires réunis par des boulons et, en moins d'une heure, une voiture lourdement chargée a pu se transporter d'une rive à l'autre.

Le résultat est merveilleux, mais pourquoi ne pas appliquer ces ponts à toutes les rivières qui n'ont encore que des bacs? Au moins, ces engins, qui ne servent jamais pendant la guerre, pourraient être utilisés en temps de paix.

*
* *

Nous n'aurons pas, cette année, d'exposition canine. Ce n'était pas tant parce que c'était sale, mais ça tenait de la place, et les exposés poussaient des cris qui, de la terrasse des Tuileries, troublaient les nobles habitants du quai d'Orsay.

On va, dit-on, organiser une exposition de chats. Le chat pousse des cris moins stridents, et le chant du félin au printemps pourra passer pour une hymne d'amour, au milieu des buissons en fleurs des Tuileries.

Et quelle collection on pourra exposer, depuis le chat sauvage, membre du club Alpin, jusqu'au chat d'Edmond Poë, le vilain chat noir que le ci-devant murait dans sa cave avec le cadavre de sa femme.

Baudelaire, Gautier, sans compter le peintre Lambert et le joyeux Saint-Germain vont frémir d'aise à cette nouvelle!

.*.

Les formules de la réclame deviennent de plus en plus réjouissantes. On a tellement abusé de cette sorte de littérature que, pour forcer le public à lire le boniment, on est obligé de vider l'arsenal de la fantaisie.

Méfie-toi donc, ô lecteur! quand tu verras :

.*. *Dernière dépêche d'Hérat :* L'Afghanistan est dans le marasme; les fabricants de tapis, minés par les Russes, livrent à vil prix des descentes de lit que nous pouvons offrir à 8 francs 75!

.*. *L'alliance du Japon :* Les Japonais, indignés de la conduite des Chinois en Corée, proposent une alliance à la France. Vingt mille Japonais bloquent le golfe de Pet-ché-li; deux navires, frétés par nous, sont déjà arrivés dans nos murs, chargés de bibelots, étoffes, masques, vases et éventails que nous offrons à nos clients au prix extraordinaire de treize sous!

.*. *Les prisons en Belgique :* (Suit la description minutieuse de la maison de Louvain.) T'Kint a été délivré! Que faisait-il au temps chaud? Des chaussons, des bottines, ne vous déplaise! avec les autres détenus. Ce sont ces articles de chaussures que nous avons acquis pour nos habitués, au prix de 3 fr. 50.

Oh! la réclame!... il n'y a qu'elle de nouveau sous le soleil.

* * *

Une autre exposition, consacrée à l'électricité, va s'ouvrir à l'Observatoire, et M. Grévy ira l'inaugurer. On nous y promet des merveilles.

Un téléphone Okolowicz, qui parle à haute voix, devant un auditoire de cinq cents personnes? Pourquoi pas six cents, du moment qu'il parle tout haut?

Ce téléphone rendra de grands services. M. Caro aurait pu continuer son cours, par exemple, et ses auditeurs auraient entendu ses paroles, pendant que lui n'eût pas entendu les sifflets.

Un orateur pourrait de sa chambre faire un discours à celle des députés ; en perfectionnant les appareils, les sept cent cinquante députés pourraient rester dans leurs sept cent cinquante départements, parler, voter et correspondre sans courir le risque d'être troublés par les meetings!

Un journal annonce qu'à cette exposition on verra les appareils télégraphiques fonctionnant depuis les temps les plus reculés.

Comment donc! le télégraphe sous les Médicis, sous les Capétiens, sous les musulmans, sous les Romains et du temps d'Ulysse! Sans compter le téléphone de Jésus-Christ?

*
* *

Nous avons parlé ici même d'un notable habitant de Kiew, le sieur Roskorowitch, qui, doté d'un crâne colossal, l'avait vendu de son vivant, moyennant cinq cents roubles, à un docteur de Moscou. M. Walter.

Le crâne n'était, bien entendu, livrable qu'après la mort, mais les cinq cents roubles étaient payables tout de suite.

Il est arrivé que le sieur Roskorowitch, au crâne énorme, a mangé l'argent, et étant mort, a oublié de consigner sa donation dans son testament. Et on plaide aujourd'hui à la cour de Moscou. Le docteur veut avoir la tête et la famille réclame le corps!

Une tempête sur un crâne!

Une phrase cueillie dans un journal qui cherche à conspuer l'Angleterre :

« Le léopard britannique est allé lécher la main de l'aigle à deux têtes ! »

Quel dompteur, ce chancelier de fer !

* *

La Compagnie de la Nouvelle-Guinée annonce que l'expédition conduite par l'astronome Shrader vient d'explorer une terre encore inhabitée, du côté de Cooktown.

A la bonne heure ! La meilleure manière de coloniser est d'aller féconder un pays inexploré. On n'a pas besoin de lutter avec les habitants pour s'y installer. Seulement, comme les terres du monde sont presque aussi connues que les nouvelles à la main, ces Eldorados deviennent de plus en plus rares !

* *

Du temps de Shakespeare, un morceau de carton sur lequel on écrivait « *forêt* » indiquait aux spectateurs que le drame se déroulait dans un de ces bois sombres « où la main de l'homme avait rarement mis le pied. »

A Gand, on opère de même.

L'autre jour on y a joué *Galathée*, et Ganymède, vaincu par le sommeil, s'est endormi dans un fauteuil Voltaire. Pour bien faire voir que Pygmalion était un sculpteur, on avait placé dans un coin, sur une table, le buste en plâtre de Léopold II.

Heureux pays! Et comme un opéra Italien réussirait bien dans la patrie de Van Artevelde!

.˙.

L'Académie espagnole, comme sa compagne du quai Malaquais, profite des entr'actes de la Révolution pour travailler à un dictionnaire.

Pour le mot *jarretière*, M. Canovas del Castillo a proposé : « Ruban que les femmes mettent pour ajuster les bas au-dessous du genou. »

Une demi-douzaine de grands d'Espagne ont aussitôt protesté : La jarretière, ont-ils dit, se porte au-dessus.

Et, sur ce thème, citations, anecdotes, preuves à l'appui, souvenirs de Lola Montès, de la Petra Camara et de toutes les Inés qui ont dansé avec un poignard dans le cœur. On demande des renseignements à Madrid, car on n'a encore rien pu décider.

.˙.

Les progrès de la civilisation!

On a expérimenté, en Allemagne, des balles à

chemise d'acier sur des bœufs, des chiens et des mulets.

Malheureuses bêtes que le doigt de la Société protectrice des animaux n'a pas protégées !

D'où il résulte que ces balles pourront tuer net deux hommes placés l'un derrière l'autre, atteindre gravement le troisième et blesser celui qui occupera le quatrième rang.

Pourquoi ne pas inventer des balles qui mettraient simplement un homme hors de combat pour la durée de la guerre ? Des balles qui ne tueraient pas, mais qui condamneraient le soldat au repos pendant un laps de temps déterminé ?

*
* *

Un journal annonce une protestation du public contre la suppression de certaines voitures par la Compagnie des omnibus.

Laquelle proteste, par cette suppression, contre les projets de Métropolitain.

La protestation consiste à monter sur l'impériale au lieu d'entrer dans l'intérieur, ce qui fait perdre trois sous à la Compagnie, et à s'y tenir debout, même s'il pleut. On prend une fluxion de poitrine, mais c'est les Omnibus qui sont vexés !

Il y a un moyen bien plus simple.

Un groupe de protestants se réunit et se jette au-devant d'une voiture. L'omnibus écrase deux ou trois personnes, — et la Compagnie se ruine à payer des indemnités à ceux qui n'ont qu'une jambe broyée ou un bras en capilotade.

.˙.

Le Conseil municipal vient d'émettre le vœu que les locomotives employées au chemin de fer de ceinture soient des machines sans bruit et sans fumée.

Nous ne voyons pas pourquoi, s'il existe des machines ainsi conformées, on ne les emploierait pas dans tous les chemins de fer.

Quelle chance inespérée pour les oreilles et les yeux des voyageurs!

.˙.

Il y avait longtemps qu'on n'avait parlé des nuages artificiels et de la pluie à volonté. Voici la chose qui revient en l'air, aidée par la dynamite.

Ce serait la création à bref délai de la mer intérieure, la fin de la sécheresse, l'inondation du Sahara, la revanche des marchands de parapluies, et l'usure des garde-crottes.

Veut-on qu'il pleuve? On prend un ballon dans lequel se trouve de la dynamite. L'engin éclate en l'air et produit des vibrations atmosphériques qui se traduisent par un déluge rafraîchissant.

L'expérience est basée sur ce fait observé, que la pluie accompagne souvent les explosions d'artillerie.

Il est prouvé qu'il pleut toujours les soirs de bataille. Le soir de Waterloo, tout le monde était trempé. Il a plu le soir de Reichshoffen et de Gravelotte. Et pendant la campagne turco-russe, des pluies abondantes se manifestaient après chaque canonnade.

Seulement, comme il pleut souvent la veille de la bataille, rien de topique.

Il est probable qu'il pleuvait à Marathon, à Cannes, aux Thermopyles, — ce qui ne démontre pas que les anciens aient fait usage du canon.

*<br>* *

Un journal de Nancy rappelle que le général Hugo donna aux musées de la ville le poignard de Fra Diavolo.

On ne s'attendait guère à voir le héros d'Auber et de Scribe en cette apothéose.

Et c'est pourtant l'exacte vérité. Le brigand qui

s'appelait Michele Perra et qu'on transforma en Fra Diavolo fut effectivement capturé par le général Hugo, et son poignard est au musée de Nancy.

Les villes sont fières de ces souvenirs.

Vous ne pouvez passer à Toulouse sans qu'on vous montre le couteau qui trancha la tête de Montmorency, et dans une vitrine du musée le cor de Roland.

On montre bien à Athènes les cendres d'Homère dans un bocal !

. .

L'ambassade birmane a quitté Paris pour Rome

Nous avons des nouvelles de ces Calinos qui demandaient à visiter, à Paris, l'intérieur de l'Obélisque.

La municipalité, voulant faire les honneurs de la campagne romaine à ces visiteurs étonnants, les amène à la cascade de Tivoli.

Au bout d'un instant de contemplation, le chef de l'ambassade dit simplement ces mots :

— Maintenant que nous l'avons vue, vous pouvez la faire arrêter !

Les cascatelles de Tivoli transformées en grandes eaux à l'usage des Birmans ! O nature ! fends-toi donc d'un paysage en l'honneur de ces bons étrangers !

*<br>* *

Glanons sur la *Gazette des tribunaux* — en province.

Tous les pompiers de Dunkerque viennent de passer, capitaine en tête, devant le tribunal de simple police, pour tapage nocturne.

Ces pompiers, à qui le manque d'incendie créait des loisirs, avaient organisé une fanfare et jouaient d'instruments bruyants et sonores qui empêchaient les voisins de dormir.

Quelle revanche pour les pompiers, le jour où le feu prendrait chez les voisins !

On peut lire, sur la notice qu'on distribue devant la cathédrale de Strasbourg, en mauvais français :

« L'église fut construite en 1271 : on y remarque la statue de Louis XIV. »

Louis XIV en 1271...

Déjà !...

La Chambre a pris une décision quelque peu entachée d'orgueil. Elle veut faire faire un tableau de toutes les lois qu'elle a enfantées, de tous les votes qu'elle a émis.

C'est très bien d'avoir conscience de sa valeur : mais vouloir s'élever un petit monument de son vivant est un peu présomptueux.

Pourquoi les députés ne se contenteraient-ils pas de se promener dans les rues, avec une affiche-sandwiche, sur laquelle seraient inscrits leurs votes personnels ? Car, après tout, les uns se glorifient d'avoir voté *pour*, tandis que les autres sont fiers d'avoir voté *contre*.

Que les cocottes de Paris mangent tous les soirs.

c'est ça qui donne une crâne idée de l'homme, comme disait Gavarni. Mais qu'on se mette à les assassiner, voilà qui va rendre le métier désagréable.

Autrefois, l'indélicatesse consistait à frustrer la demoiselle des bénéfices qu'elle pouvait espérer. Le procédé manquait au moins de galanterie, mais il n'y avait pas mort d'homme, — je veux dire de femme.

Plus tard, le monsieur distingué, non content de ne rien donner, se faisait offrir quelque menue monnaie. Ces gens constituent l'aristocratie des récidivistes ; mais ils se consolaient en songeant que Porthos et d'Artagnan ne refusaient pas l'argent des dames.

Voilà maintenant qu'on égorge ces pauvres filles.

Aussi, nous disait hier M. de Calinaux, pourquoi ne redeviennent-elle pas honnêtes femmes ?

*<br>* *

A Genève, on est matinal.

L'autre matin, vers neuf heures, nous avons acheté la cinquième édition d'un journal. A quelle heure tire-t-on la première ?

Et combien d'éditions doit-il y avoir le soir ?

17.

*
* *

Les Croates se préparent à célébrer le cinquantième anniversaire de la renaissance de leur littérature. Comment peut-on bien retrouver la date précise de la renaissance en question ?

C'est comme si nous voulions célébrer l'anniversaire de l'art moderne ? Nous savons bien où il finit, mais quand commence-t-il ?

Et Paris accourra contempler les mœurs du désert sur l'emplacement de la terrasse où l'on a si souvent célébré le vernissage.

*
* *

Muse, cache ta lyre !

On vend des pianos qui jouent à la mécanique. Mais, jusqu'ici, l'instrument en question restait le piano du pauvre, sans comparaison avec le flageolet.

Aujourd'hui, le piano mécanique envahit les salons. Toute musique est adaptée à cette bizarre machine et se vend couramment 4 francs le mètre.

Les harmonies se déroulent comme des rouleaux de boîte à musique, et l'on achète en 25 mètres l'ouverture de *Guillaume Tell*.

O progrès, voilà de tes coups !

*
* *

On est enfin fixé sur la durée des réparations à exécuter à la Porte Saint-Denis.

Il faudra deux ans pour qu'on ait terminé et que l'on puisse essayer de passer dessous.

Ce sera gai, comme coup d'œil, et cela nous fait présager, pour peu qu'il y ait des retards, la réouverture de la porte en 1889.

C'est ça qui vexerait la Bastille !

*
* *

On va construire, à Londres, un asile pour les jeunes gens en souvenir du général Gordon.

Si on donne à lire à ces éphèbes le journal manuscrit de Gordon aux derniers jours de Karthoum, ils pourront voir comment leur patrie et le gouvernement se sont arrangés pour laisser mourir un héros.

Et ils seront fixés sur la grandeur et la générosité britanniques !

*
* *

Tous les dimanches, on annonce des concours de nageurs en Seine, sous la présidence de députés.

Avant-hier, c'était sous le pont de Solférino. Un député présidait et les nageuses était admises.

Bien gourmands, ces députés! Et comme il leur

faut des distractions pour arriver à la fin d'une pénible législature!

* *

Le ministre de l'intérieur vient d'autoriser le célèbre jeu des « Petits chevaux », à condition que l'enjeu ne dépassera pas deux francs, sous le folâtre prétexte que plusieurs communes retirent de cet exercice des bénéfices considérables.

D'abord, ou le jeu en question est immoral, et alors, quel que soit le bénéfice desdites communes, il vaut mieux le supprimer. Ou c'est un amusement innocent, et alors à quoi bon la circulaire?

Enfin le chiffre de deux francs est bizarre. On peut le multiplier à l'infini en jouant autant de fois deux francs que l'on souhaite prendre de pièces de quarante sous.

Mais aux eaux, comme à Paris, selon Roqueplan, il est si facile de placer son cœur et de garder son argent!

*<br>* *

Le joyeux Abadie, qui fut une des gloires de la cour d'assises, fait donner de ses nouvelles dans les courriers de théâtre.

La rentrée d'Abadie est signalée de la Nouvelle-Calédonie, comme à Paris celle d'une étoile en vogue.

Le gouverneur a, paraît-il, autorisé la création d'une salle de spectacle, et c'est Abadie qui en est le directeur.

On y jouera vraisemblablement le *Crime du Pecq* avec Fenayrou dans les costumes de la création.

Quel dommage que le bureau de location soit si éloigné!

Le grand prix de Paris est distancé. Les Anglais

viennent de fonder un prix de deux cent cinquante mille francs, qui sera couru à Sandow-Park en 1885 et qui sera accessible aux chevaux de toute nationalité.

La décentralisation hippique !

.·.

Z..., un bon gros veuf, épouse une jeune personne excessivement maigre, avec laquelle il fait d'ailleurs excellent ménage.

— Un couple charmant, dit un ami.

— Comment donc ! fait un autre, un veuf sur le plat !

.·.

A la Chambre, un à-peu-près horrible :

— Pourquoi nous sommes au Tonkin ? déclame un député. Eh bien !... la politique coloniale !

— Voyez-vous, mon cher, murmure un collègue, j'aurais préféré la politique du *colon'y allât pas!*

.·.

Entre maris attendant le divorce :

— Je vous croyais heureux. Vous avez, vous, une femme aimable, un intérieur agréable, l'*at home* charmant des Anglais.

— L'*at home?* Ah, oui! riposte l'autre, mais c'est un *at home* crochu !

*
* *

Une carte de visite trouvée hier, sur le boulevard extérieur :

### CARLUCHON,

*Modérateur des danses de la Boule-Noire.*

*
* *

Toujours sur le boulevard extérieur. Cinq à six gommeux entrent dans une boutique de « curiosités féminines, visibles pour les hommes seulement ».

— Mais nous n'avons rien vu, fait un des visiteurs en payant à la sortie; vous nous avez montré une femme laide, et voilà tout.

— Voyons!... fait la grosse mère en récoltant les sous, vous vouliez voir des polissonneries : ça vaut bien quinze centimes d'avoir voulu s'amuser.

*
* *

Guibollard voit rentrer sa femme, qui devait dîner chez sa tante et revient toute troublée et dépeignée au domicile conjugal.

— Allons!... madame, fait-il, je comprends tout!...
Votre robe chiffonnée, votre col froissé...

— Mais...

— Taisez-vous, conclut Guibollard d'une voix
terrible, vous avez l'air d'une salle à manger au
lendemain d'une noce!


A l'Opéra.

On cause d'une grande artiste qui a le plus mauvais caractère.

— Quelle méchante langue!

— Oui, mais quel joli gosier!

*<sub>*</sub>*

Gontran se présente chez une cocotte qu'il vient voir tous les quinze jours.

Horreur! Il voit une affiche collée sur la porte :
« Fermé pour cause de mariage. »

*<sub>*</sub>*

Une pensée de M<sup>me</sup> Cardinal :
« J'ai toujours recommandé à mes filles de se

faire aimer par des millionnaires. Elles deviendront ainsi des femmes éclairées.

*<sub>*</sub>*

A la pension :
— Mademoiselle Nini, expliquez-nous le miracle des noces de Cana ?

— Dame!... à la fin du dîner, on disait des bêtises tellement fortes que l'eau a fait comme les jeunes filles... elle a rougi !

.·.

Z... accourt tout fier chez sa belle-mère.

Il lui annonce, avec émotion, que sa femme est enceinte pour la seconde fois en deux ans.

— Ah! fait la belle-mère avec un sourire de reproche, mon gendre, vous vous répétez !

.·.

Un infortuné, la joue ravagée par un atroce mal

de dents, se précipite dans le fauteuil du dentiste.

Celui-ci, également très pressé, se trompe de molaire et extirpe une dent excellente. Obligé de revenir à l'assaut, il s'excuse en souriant :

— Je ne vous ferai payer qu'une dent, mon cher monsieur... les ratés ne comptent pas.

*<br>* *

Au restaurant.

Le garçon, un vrai philosophe, insinue douce-ment :

— Monsieur peut manger de l'ail... la petite dame à qui monsieur fait de l'œil vient d'en manger aussi.

AOUT
OUVERTURE
CHASSE

# AOUT

Il est question de supprimer les bateaux-lavoirs
de la Seine, sous le prétexte qu'ils gênent la circulation des bateaux-omnibus.

Les lavandières, qui ont des Chartes et des Privilèges comme les dames de la Halle, se souviennent
qu'établies sur la Seine en 1623, par ordonnance
de Louis XIII, elles ont autant de droit à laver le

linge que les bateaux-mouches à promener les voyageurs. Elles n'abandonneront leurs lavoirs que par la force des baïonnettes, et encore elles lutteront carrément, comme Gervaise dans l'*Assommoir*.

* *

Il paraît que le talon de Voltaire est la seule portion du squelette qui disparut, lors de la translation des restes du poète, de l'abbaye de Scellières au Panthéon.

Comme Achille, l'auteur de *Candide* ne fut vulnérable que de ce côté-là.

Ce talon a été aussitôt recherché, et une quinzaine de collectionneurs affirment le posséder dans leur collection. Vous verrez qu'il sera prouvé que Voltaire possédait autant de talons que de cannes.

Ce sera peut-être beaucoup pour une seule paire de jambes !

* *

Les caravanes scolaires se multiplient. Après les jeunes gens, les jeunes filles vont visiter, sous la conduite de leurs maîtresses, les diverses villes de province.

« Les élèves des écoles de filles du XIX<sup>e</sup> arrondissement ont visité hier Rouen, et ont fait, dit un journal, une longue station sur la place de la Pucelle. »

Il est certain que, pour les jeunes filles surtout, les voyages flattent davantage l'esprit, et l'exemple de Jeanne d'Arc leur semblera bien plus vivant et profitable à Rouen que dans le XIX$^e$ arrondissement ou même au coin de la rue des Pyramides.

***

Un journal anglais, *The Lancet*, annonce très sérieusement une découverte qui lui paraît de la plus haute importance. Il s'agit d'empêcher les gens de se noyer.

La méthode est simple : on prend un canif et on pratique dans sa gorge une petite cavité au-dessous des molaires. Vous absorbez de l'air qui, pénétrant dans cette cavité, vous gonfle comme une vessie, et vous vous maintenez sur l'eau avec la plus grande facilité.

Les expériences, ajoute *The Lancet*, ont été couronnées de succès, et l'Académie des sciences a approuvé le projet !

Nous recommandons bien à nos lecteurs de Trouville, de Dieppe ou de Biarritz, de ne pas oublier d'emporter en mer le petit canif, avec la manière de s'en servir en cas de noyade.

.˙.

L'Académie française s'est réunie le 20 août, et nous apprenons avec une joie indicible qu'elle a continué ses travaux sur le dictionnaire. Elle a discuté longtemps sur le mot *atténuer*.

On ignore d'où vient ce mot.

Calino croit que c'est bien simple : il dérive à la fois du grec et du tonkinois, sans calembour, puisqu'il vient d'Athènes et de Hué.

.˙.

Aux bains de mer.

Une énorme dame, qui a de la peine à maintenir ses formes dans son costume d'Amphytrite, questionne un baigneur sur le galet.

— Est-ce que la mer va bientôt remonter?

— Parfaitement, fait le loup marin, dès que madame va entrer dans l'eau!

.˙.

M. Ferdinando Fontana, poète portugais, vient de faire un ballet sur *Annibal*.

Le sujet, quoique lointain, ne manque pas plus de poésie que *Messalina* ou les *Niebelingen*.

On verra Annibal traverser les Alpes, sur un air
de mazurka; et dans l'apothéose, comme vision de
l'avenir, le général Bonaparte, suivant le même
chemin, dansera une bourrée avec les religieux du
Saint-Bernard.

O Carthage! voilà bien de tes coups!

*
* *

Dans une ville commerçante des États-Unis, les
gros négociants portent tous un chapeau automa-
tique, pour saluer leurs clients sans perdre de
temps à lever le bras, et sans user les bords de leur
couvre-chef.

Nous signalons l'invention aux candidats élec-
toraux. Ce sera peut-être la ruine des chapeliers,
mais comme ce serait commode pour les futurs
députés!

*
* *

On a déclaré au Conseil municipal que les odeurs
nauséabondes qui s'élèvent dans Paris sont saines,
bien que désagréables.

Si c'est un désespoir pour l'odorat, c'est une consolation pour l'estomac.

On parviendra à nous persuader que, dans les
temps d'épidémie, il faut, pour se bien porter,

mettre deux heures par jour la tête dans l'abime des water-closets!

Connaît-on une curiosité de Paris? Le perroquet de la mairie du XIXe arrondissement, rue Drouot?

Ce perroquet ne sait dire que ceci : « Comme t'es f...ichu! »

Chaque fois qu'une noce arrive, le perroquet lance sa phrase. Le marié est toujours furieux. Ce que le perroquet a déjà fait rompre de mariages est incroyable.

On signe une pétition pour lui offrir un persil d'honneur!

***

Calme plat de tous côtés. Les nouvelles sont aussi rares que les votes sensés au conseil municipal. La campagne électorale menace d'être lugubrement monotone, sauf du côté des candidatures féminines.

Les criminels seuls profitent de l'été pour raviver la curiosité. Mais il ne faudrait pas la lasser, et nous avons eu cette année une série de drames plus ou moins mystérieux qui ont déjà blasé le public.

Que MM. les assassins s'efforcent de trouver des

situations neuves. Sans cela, le crime pourrait bien finir comme l'opérette.

*
* *

La statistique de la bière.

Les Anglais peuvent s'allier avec les Allemands : leur amour pour Gambrinus leur servira de trait d'union.

La Grande-Bretagne possède 27,050 brasseries qui fabriquent annuellement 44,060,000 hectolitres de bière. L'Allemagne produit à peu près autant avec 26,000 brasseries.

Réjouissons-nous pour la France; malgré les symptômes fâcheux d'envahissement, nous n'avons encore que 3,000 brasseries. Et encore, on compte peut-être les brasseries du quartier Latin, où la bière fait passer bien d'autres agréments.

*
* *

Les élèves de l'École polytechnique demandent un drapeau.

Cela paraît tout naturel, puisque les élèves ont un fusil et une épée, et qu'ils s'en servent crânement, comme en 1830 ou en 1848.

Et aujourd'hui que tous les bataillons scolaires,

toutes les corporations, toutes les associations ont une série illimitée de bannières, d'oriflammes et de fanions, il ne paraîtrait que juste que l'École polytéchnique et l'École Saint-Cyr, qui défilent dans les revues en tête de l'armée en qualité de premiers bataillons de France, eussent aussi leur drapeau.

.·.

Les sapeurs-pompiers d'Alger continuent à rester en grève, ce qui doit être infiniment agréable pour eux et pour les propriétaires quand le feu prend à une maison.

Par instinct, ils se rendent devant le foyer de l'incendie, et indiquent la façon dont ils auraient pu combattre le sinistre. Mais, par solidarité professionnelle, ils restent comme Bélisaire, le casque en main.

Les pompiers de Nanterre ont été crânes : ils se sont dissous comme feue la Chambre. Mais les sapeurs-pompiers d'Alger paraissent de loin d'excellents fumistes.

.·.

Le curé de Brageyrac (Haute-Garonne) continue de lutter contre l'autorité épiscopale.

S'il avait pour deux sous d'éloquence, il ferait

un schisme à lui tout seul. Ce serait un petit Père
Hyacinthe. Il tient à sa cure, et ses ouailles tien-
nent à lui. Dans un siècle, les habitants de Brageyrac en feront un abbé Grégoire. Il aura peut-
être sa statue, pour avoir lutté contre *ceux* de
l'Église, comme disait Guibollard.

Le noble curé est en ce moment assigné en ré-
féré, et c'est la gendarmerie qui viendra l'arracher
du sanctuaire. Mais Brageyrac luttera comme un
seul homme, et le curé tombera sur la barricade, à
moins que ce ne soit sous le ridicule.

*
* *

Un journal sérieux nous révèle la date officielle
le l'invention des bains de mer.

C'est en 1822, paraît-il, que l'on prit l'habitude
e se tremper dans l'eau salée.

Ce qui nous prouve péremptoirement que les an-
iens ignoraient l'art de la natation, et que Vénus
ortant de l'onde n'est qu'une fable des plus vul-
aires.

*
* *

A l'occasion de l'inauguration de la statue du
néral Chanzy, les pompiers du Mans ont énergi-

quement refusé de porter des lanternes et des torches.

Nous comprenons ce principe.

Les pompiers ne sont pas faits pour transporter le feu, mais pour l'éteindre.

Néanmoins, au point de vue national, c'est pousser un peu loin l'application des préjugés.

.˙.

Quelle drôle de manie ont les journaux d'annoncer avec force détails la manière dont la police découvre et va arrêter un assassin!

Et comme il est commode à celui-ci de savoir, pour 15 centimes, de quel côté on le recherche et quels sont les soupçons qu'on a sur lui!

A moins que les journaux n'indiquent une fausse piste pour tromper le coupable, et alors, comme les lecteurs sont bien renseignés!

Nous préférions l'ancien cliché : « La justice informe ». (Ne pas prendre informe pour un adjectif.)

.˙.

Le Sénat est opposé à l'éducation du septième enfant par l'État.

Quel égoïsme de la part des sénateurs!

C'est parce que cette clause ne les regarde plus, qu'ils veulent arrêter l'élan des pères de famille encore pleins de bonnes dispositions.

*
* *

Un père égoïste, lisant les comptes rendus des distributions de prix :

— Dire que j'ai un fils qui n'a pas eu un seul

prix... Ça m'est égal pour son instruction, mais au moins mon nom serait dans les journaux.

*
* *

On parle du Casino des Rocs-Humides, lequel est absolument mal fréquenté.

La baronne de la Pointe-à-Pitre hésite à y amener sa fille.

19.

— On dit que c'est un peu mêlé, fait-elle en minaudant.

— Mais non, dit un ami, vous pouvez y aller, ce n'est pas mêlé du tout.

*     *

La France s'acharnant à conquérir des colonies et à les défendre, dussent ses principes en périr, devrait examiner tous les moyens de les protéger. Pourquoi ne créerait-on pas, à Madagascar et au Tonkin, des bataillons d'amazones comme ceux du roi de Dahomey?

Ce serait une occasion, pour les femmes françaises, qui réclament leur part de droits civiques, de payer l'impôt du sang, qui leur donnerait le droit au vote.

Les femmes indigènes des colonies sont aussi vigoureuses que bien de nos boudinés et on formerait peut-être un corps très utile qui, pendant les périodes de paix, aurait, pour coloniser réellement, beaucoup plus de commodités que les bataillons français.

*     *

Il a été longuement question du rétablissement des tours. On se borne aujourd'hui à augmenter le nombre des crèches.

On va en établir une nouvelle série dans les vingt arrondissements de Paris.

Le tour avait un avantage incontestable : celui de supprimer l'infanticide. Cela suffisait à le ren_ dre moral. Le tour, en outre, était quelquefois joyeux.

On mettait l'enfant dans une sorte d'ouverture qui donnait dans l'hôpital ; on sonnait et, immédia-ement, le pauvre être était reconnu et soigné. Un jour, un pochard titubant du côté de l'hospice des Enfants-Trouvés met le nez dans le trou, avance le corps et s'installe dans le tour. Puis, croyant ren-trer chez lui, il demande le cordon.

Le pochard fut recueilli et si bien soigné qu'il resta domestique à l'hospice et ne voulut jamais de sa vie être ramené à ses parents.

* *

Encore la coiffure des officiers.

On a suspendu, pour le moment, les études sé_ rieuses auxquelles on se livrait pour chercher un casque, un shako, un colback ou une shapska, des-tinés à la grande tenue.

Provisoirement, le képi est maintenu.

Mais on recommencera à chercher. Comme cette coiffure n'a d'autre but et d'autre utilité que de gêner énormément le malheureux qui la porte, indiquons aux chercheurs de coiffure les anciens bonnets à poil de la garde nationale. Comme grande tenue, c'était superbe, et les jours de semaine on pouvait faire coucher des chats dedans.

*<br>* *

On sait qu'en Allemagne les hommes de troupe sont tenus d'écrire au moins une fois par mois à leurs parents. Délicate obligation.

Un de nos confrères demande qu'il en soit de même en France ; il propose même de punir disciplinairement le soldat qui négligerait d'envoyer des nouvelles à sa famille. Et le motif, c'est que la famille saurait au moins si son enfant est mort, vivant, en bonne santé, ou à l'hôpital.

Ce serait peut-être exagérer de demander que le mort soit chargé d'écrire lui-même. Mais alors, quand le mort n'écrira pas, il aura beau être puni de trois jours de salle de police, sa famille devra prendre le deuil ?

*<br>* *

Un tailleur du faubourg Montmartre vient de mettre en vente des cuirasses pour dames du demi-

monde, à la fois offensives et défensives. De plus,
beaucoup de ces dames font poser une sonnette d'a-
larme dans leur chambre à coucher.

De la sorte, comme disait Théodore de Banville :

> Les demoiselles chez Ozy
>         Menées
> Pourront encor prétendre aux hy-
>         Ménées.

Mais c'est égal, il faudra bien des précautions.

*
* *

### NOUVELLES RÉFORMES

Le dolman de l'infanterie va recevoir des bran-
debourgs de soie en or; le képi aura une carcasse
baleinée, recouvert de drap bleu noir, avec
bande d'or et plumet rouge écarlate en plumes de
coq.

Comme la solde de l'officier français ressemble
un peu à celle du sous-lieutenant de *la Dame Blanche*, nous ne verrons pas de longtemps nos capitai-
nes achetant un château sur leurs économies.

Si encore le budget payait les transformations!
Pour quelques millions de plus ou de moins...

.·.

· On a fait expier cruellement à M<sup>lle</sup> Van Zandt une erreur d'un instant.

Se souvient-on d'un fait qui fut plutôt oublié à Toulouse que l'incident de l'Opéra-Comique à Paris? Il est vrai qu'il y a longtemps.

Lola Montès, légèrement houspillée par le public, revint sur la scène, après avoir ôté son maillot, et exhiba devant le parterre un tableau vivant que La Mouquette affectionne dans *Germinal*.

Le public pardonna (à Toulouse on a bon cœur).

et le roi de Bavière lui-même n'en voulut jamais à
Lola Montès.

*  *

On s'est plaint que la place de Paris ait ignoré,
pendant plus de vingt-quatre heures, la mort sou-
daine d'un colonel dans un hôtel de la gare de
Lyon.

Nous connaissons un village, non loin de Fonte-
nay, où un ancien officier, commandeur de la Légion d'honneur, avait loué, l'an passé, une maison
de campagne. Trois jours après son installation,
deux gendarmes vinrent prendre des informations.

— Est-il bien vrai qu'il y ait ici un commandeur
de la Légion d'honneur?

— C'est absolument exact; en doutez-vous ?

— Non..., nous venons simplement constater le
fait, pour que la place puisse envoyer des troupes
à l'enterrement, si monsieur décédait ici...!   .

Absolument authentique. On voit que la place
prend toujours ses précautions.

*  *

Une innovation au Salon.
On organise une tombola dont les billets, à la

portée des plus pauvres (pourvu qu'ils se réunissent en syndicat), seront cotés 100 fr. Chaque série de cinq billets sera assurée d'avoir un numéro gagnant, et le montant de la tombola servira uniquement à l'achat des lots.

Pourquoi n'avoir pas mis les billets à 10,000 fr.? Il eût été bien plus original d'avoir cinq tableaux gagnants pour un billet.

*
* *

Pensée cueillie sur l'album d'un philosophe :
« Plus les littérateurs sont gras, plus la littérature devient maigre. »

*
* *

Cabassol va louer un costume de pierrot pour le bal de la Mi-Carême.

— Mâtin ! vingt-cinq francs ! Mais vous me l'aviez loué vingt francs il y a quinze jours...

— Ah ! monsieur, les pierrots ont beaucoup augmenté depuis l'impôt qu'on met sur les farines !

*
* *

Guibollard chez un marchand de coffres-forts.

— Vous savez, ce coffre est à l'épreuve des voleurs aussi bien qu'à l'épreuve de l'incendie !

— Donc, si le feu prend ?

— Vous n'avez rien à craindre, tout le contenu du coffre sera intact.

— Alors, fait Guibollard, je me mettrai dedans !

*<br>* *

Savez-vous comment on appelle à la Bourse certains coulissiers qui ont plusieurs fois fait sauter la caisse ?

Des *invincibles !*

*<br>* *

Bébé voit sur le boulevard, à la devanture d'un marchand de comestibles, un énorme paquet de macaroni qui forme une guirlande autour de la glace.

— Tiens ! papa, le téléphone !

*<br>* *

Un médecin est accusé de dépeupler son village, ce qui, vu ses fonctions, n'a rien de surnaturel.

Mais on le soupçonne également d'être pour quelque chose dans l'accroissement des naissances.

20

— Que voulez-vous? disait-il hier, il faut bien que je me refasse une clientèle !

**

M. Boirot, notaire, revient à Paris avec sa femme. Il rentre à Bullier, qu'il a quitté, il y a vingt-trois ans, pour devenir tranquille et rangé.

Au milieu du bal, un étudiant embrasse M^me Boirot. Le notaire se fâche, tape, et on l'amène au poste.

Le commissaire de police — un ex-copain — reconnaît vaguement le notaire :

— Ah çà ! dit-il d'une voix sévère, c'est donc toujours toi !

**

La musique italienne définie par un aimable confrère :

« Une cymbale milanaise. »

**

Une cocotte de province vient à Paris voir une amie.

Dimanche, elle veut visiter les environs.

— Quel est le bois le plus à la mode ?

— Dame ! reprend la Parisienne, on revient maintenant à l'acajou !

*<br>* *

On parle d'un bohème plein d'esprit, mais bien dépourvu d'argent, qui promène philosophiquement sa misère.

— Il est très heureux, dit quelqu'un ; il vit d'humour et d'eau fraîche !

*<br>* *

Chez la baronne de V...

On cause d'une amie qui trompe son mari de la façon la moins cachée du monde.

— Tout le monde sait cela... C'est honteux.

— Et le mari ?

— Oh ! lui, il ignore tout... Le secret professionnel !

*<br>* *

Guibollard examine les porcs à l'Exposition agricole.

— Tenez ! dit-il, on dit que l'agriculture ne va pas ! Nous n'avons jamais eu des animaux aussi gras sous aucun gouvernement !

.·.

En Suisse.

Gontran se lamente sur la mort de son oncle, qui le laisse héritier de trente mille livres de rentes, par suite d'une chute qu'il a faite dans l'abîme.

— Le pauvre homme n'a pas souffert, et vu ma situation, il est réellement tombé à pic.

.·.

Une Anglaise — qui traverserait la Manche en bateau — est chez un cordonnier parisien.

— Aoh !... moa vouloir entrer mes pieds dans vos plus grandes chaussures...

— Je vois bien, murmure l'autre, mais ce sont mes chaussures qui ne veulent pas rentrer dans vos pieds !

.·.

Bien nature :

— Moi, fait la baronne de Z...., je l'avoue, je dis beaucoup de mal de mes amies, mais elles savent bien que je n'en pense pas un mot !

.·.

Et on ne veut pas supprimer le baccalauréat !

Aux derniers examens :

— Veuillez me dire ce que c'était, à Rome, que le Prêteur ?

— Le directeur du Mont-de-Piété !

*
* *

Les concours du Conservatoire nous ont rappelé un joli mot d'Auber.

Il avait remarqué, au concours de timbales, un vieux monsieur qui murmurait de temps en temps quelques paroles.

— C'est un commissaire priseur, insinuait Auber. Ecoutez bien : chaque fois qu'il entend un coup de timbale un peu sec, il s'écrie : « Adjugé ! »

*
* *

Un pochard bon enfant aperçoit un aveugle : il lui lance deux sous que l'autre, naturellement, n'aperçoit pas.

— En voilà un fainéant !... il ne veut pas profiter de ma charité, pour une fois que la goutte me remonte au cœur !

*
* *

Un bohème entre au restaurant avec un ami.

20.

— Quel vin désire monsieur? demande le garçon.

L'autre regarde la carte :

— Du château-ladèche !

Le garçon, après avoir consulté le sommelier :

— Épuisé !...

⁖

On arrête un voyou de quinze ans qui faisait partie d'une bande de voleurs.

Le jeune éphèbe fond en larmes.

— Voyons, fait le gendarme, on ne te tuera pas parce que tu as volé un foulard !

— Non, murmure l'autre, mais mes chefs étaient satisfaits de moi. j'allais passer aux montres !

⁖

Une définition des meetings. par un bon bourgeois qui rentre chez lui en loques.

« Dix mille curieux qui se battent pour voir une dizaine de manifestants qui ne se battent pas! »

⁖

On fait beaucoup de mariages chez M$^{me}$ Z... Un jeune homme lui demande de le marier.

— Il me faut au moins trois cent mille francs.

— Mâtin, un beau-père qui attache ses gendres avec des saucisses !

***

Nous lisons dans un prospectus de mariage une coquille qui nous fait rêver :

Restaurant des Unions assorties

*Noces et Baquets !*

***

M^{me} Bobinet, la femme d'un chef de bureau, destitué il y a huit jours, couvre d'injures son mari.

— Imbécile ! tu disais toujours au ministre qu'il fallait faire des économies... Il a supprimé tes appointements !

**

Gontran annonce son mariage à un divorcé.

— Mes félicitations, mon cher... A propos, voici l'adresse de mon avoué... un homme charmant... Il fait les divorces en un clin d'œil.

— Sapristi! s'écrie Gontran... Mais je le connais bien mieux que vous... j'épouse sa fille!

**

Deux vieilles mères Cardinal causent d'un air sinistre :

— Il y a dix ans, je rentrais souvent chez moi avec des inconnus...

— Et il ne vous est rien arrivé?

— Au contraire!

* *

Balandard est un terrible égoïste.

— Je suis ravi !... disait-il hier. Il neige à Alger, à Gênes, dans tous les pays chauds.

— Eh bien ?

— Dame ! mon ami, cela me console de ne pas y passer l'hiver !

* *

Chapuzot écrit à un vil créancier qui se ruine à lancer des traites :

— Vous avez beau tirer sur moi, vous ne me toucherez jamais !

* *

Un monsieur extrêmement chauve, est aux genoux d'une femme, à qui il fait les offres les plus affriolantes :

— Je vous jure que pour vous je donnerais ma vie... je tenterais l'impossible...

Elle, froidement :

— Donnez-moi une mèche de cheveux !

* *

Cour d'assises.

*Le président.* — Accusé, vous avez beau nier, vous irez au bagne.

*L'accusé.* — Ça m'ennuie, je n'y connais presque personne.

.·.

Guy de Saint-Lard épouse une jeune provinciale, un peu bête.

— Bah... dit un ami, tu l'amèneras à Paris, elle se mettra à la mode...

— Oui, fait Guy, comme le veau !

# SEPTEMBRE

# SEPTEMBRE

Quelques nouvelles graves :

La pouff va être remplacé par la crinoline.

C'est la fin de la silhouette, c'est la destruction
de la ligne. Un cercle de fer va enfermer les formes
pseudo-naturelles que l'œil se faisait un devoir de
contempler en devinant.

Que les crinolines aient eu leur utilité pour passer des dentelles ou des bonbonnes d'eau-de-vie en contrebande à la frontière, nous n'en disconvenons pas, mais qu'on revienne à cette mode stupide, dans le but seul d'enlaidir la femme, voilà ce que ne comprendront jamais les artistes et les damophobes.

O Grévin! mettre un éteignoir sur la cambrure de tes petites femmes. Quelle horreur!

*<br>* *

« Une question de droit assez compliquée, nous écrit M. le marquis de Guibollot, c'est celle de savoir si on ne peut pas s'approprier un objet trouvé sur la voie publique. L'Allemagne ne procède pas différemment, et moi-même, ajoute Guibollot, je m'approprie souvent une femme que je rencontre dans la rue. Je le fais avec d'autant plus de plaisir que c'est la femme d'un autre.

« Par conséquent, continue Guibollot, si j'avais trouvé la plaque commémorative de l'érection de la colonne Vendôme, je l'aurais gardée, à moins que Napoléon Ier me la réclamât. D'ailleurs, la colonne ayant été construite avec des canons pris à l'ennemi, je m'approprie par le même procédé un morceau du monument que j'ai enlevé aux communards. »

*
* *

Les Italiens ont mis à la mode un nouvel instrument vocal, le *Nasophone*.

Les mélomanes, fatigués du peu de moyens que la nature fournit à l'harmonie, ont essayé de chanter du nez. Et c'est avec un sifflement nasal, auquel on arrive après quelques années d'études, qu'on peut chanter l'*Air des Bijoux* ou le *Suivez-moi!* de façon à dégotter tous les chanteurs modernes.

On va fonder à Civitta-Vecchia un conservatoire *Nasophonique*.

Nous proposons Hyacinthe comme président honoraire.

*
* *

La France a été toute la semaine en mal d'élections.

Bien irrévérencieux, le journal qui en donne le résultat et le nom des candidats, sous ce titre :

« *Les plats du jour.* »

*
* *

Savez-vous la liste des objets que le gouvernement a envoyés dans les mairies de toutes les communes?

Le document mérite d'être conservé!...

Nous saurons que, pour faire un député, il faut :

« Une urne, cube rectangulaire de quarante centimètres de haut sur trente de large; chaque urne contenant deux sébiles de pains à cacheter, un canif, une paire de ciseaux, six encriers, un morceau de gomme élastique, six porte-plumes, crayons multicolores, deux aiguilles, une pelote de fil rouge, une sangle, deux douzaines de plumes, de la poudre, vingt-cinq grammes d'épingles et une boîte d'allumettes. »

Combien a-t-il fallu de milliers d'employés pour confectionner ces cinquante mille trousses électorales?

Et que deviendront, après les élections, tous ces canifs, tous ces encriers, cette quantité formidable d'engins?

Pourquoi ne pas les distribuer aux écoles? Qu'au moins les élections servent à quelque chose!

.·.

Les journaux de bon ton font de plus en plus appel à la vieille noblesse contemporaine.

La noblesse y répond mollement.

Aujourd'hui, c'est par un carrousel, qui serait organisé à Paris et auquel prendrait part tout gentilhomme inscrit non sur l'*Almanach pour rire*, mais sur celui de Gotha.

On a parlé de donner Constantinople au pape. Pourquoi ne pas organiser une cent-unième croisade et expédier le vrai Carrousel du côté des Balkans? Le départ des croisés sur le boulevard aurait un succès énorme!

*
* *

Le ministre de l'instruction publique vient, par une circulaire, d'établir la façon dont le septième enfant d'une famille pauvre sera élevé aux frais de l'État.

Il obtiendra une bourse, à condition qu'il passe les examens nécessaires, et qu'il soit très nécessiteux.

Mais, monsieur le ministre, s'il est aussi pauvre que vous le voulez, comment apprendra-t-il d'abord ce qu'il faut pour passer l'examen qui lui permettra de commencer son éducation?

*
* *

Le gouvernement russe vient de taxer de soixante

kopecks d'impôt, toute pétition qui lui sera adressée. Il paraît que sur cent Russes, il y en a au moins cinquante qui ont la manie de pétitionner.

Si, en France, on avait établi un impôt de soixante francs par candidat aux élections, le budget serait depuis trois semaines équilibré pour longtemps !

.·.

L'Académie de médecine vient de constater que le nombre des célibataires a augmenté depuis 1870, et qu'en revanche le nombre des mariages a diminué.

Cette judicieuse observation prouve que nos malheurs nous ont été profitables.

D'ailleurs, la statistique a constaté qu'il existe une femme pour huit hommes. Celui qui épouse doit donc s'attendre, pour le moins, à sept coadjuteurs qui lui promettent beaucoup d'agrément.

.·.

La Ligue internationale de la Paix, émue du conflit hispano-prussien, vient d'adresser à M. de Bismarck et à M. Canovas del Castillo des lettres où elle recommande la paix et le respect des droits des gens, — lequel est de beaucoup inférieur au droit canon.

Mais la Ligue de la Paix est un peu comme la Société contre l'abus du tabac ; elle tient, de temps en temps, à affirmer que la Ligue vit encore, — sans résultats, hélas !

*<br>* *

On se souvient du canot en papier de M. de Wogan, qui devait aller du Havre à Paris et aux sources du Danube par le Rhin. Il paraît qu'à Cologne la vue du drapeau français a indisposé les gallophobes, qui ont démoli le canot, comme la machine de Papin, sur le Weser.

Si on avait brisé un canot allemand sur la Seine, que dirait la presse d'outre-Rhin ?

*<br>* *

On a tellement dépensé de poudre au Tonkin, — sans parler de la poudre jetée aux yeux, — que le gouvernement est réduit à supprimer les feux de guerre qui devaient s'exécuter aux grandes manœuvres.

Les canons resteront muets, mais un fanion signifiera que la canonnade est terrible. Les artilleurs en sont navrés, mais les oreilles des habitants ne s'en plaindront pas.

.˙.

Réservistes et grandes manœuvres sont à l'ordre du jour, cette semaine. Cédons le pas à l'actualité militaire :

Le commandant Duflanquin est célèbre observa-

teur de la discipline. Le colonel lui a infligé un jour une grave punition pour n'avoir pas exécuté à la lettre les ordres reçus. Duflanquin se voit hier, à la tête de son bataillon, chargé de rendre les honneurs funèbres à un colonel. Il est devant l'église, avec l'ordre formel de ne laisser passer personne.

Le corbillard stationne devant la porte, et le cocher est allé boire en attendant. Il revient, le commandant l'interpelle :

— Mais je suis obligé de passer... je suis le cocher !

— Je m'en f..., répond Duflanquin ; si vous avez à vous plaindre, vous vous adresserez à votre sergent-major.

Le convoi funèbre attend encore son cocher devant l'église.

*<br>* *

Le général reçoit la visite des corps militaires de la ville. Il aperçoit les pompiers.

— Ah ! ah !... Voici les pompiers... Braves gens... Bons militaires... Avez-vous beaucoup d'incendies ?

— Non, mon général.

— C'est bien, c'est bien... nous en ferons... Il faut utiliser ces gens-là...

*<br>* *

Calinotades du ministère de la guerre :

Quand un régiment change de garnison, il doit brûler tout ce qui lui reste de cartouches. Il y en a vingt, trente mille, il y en aurait cent mille, toutes revenant fort cher à l'État, et, par conséquent, aux contribuables, qu'il faudrait les brûler toutes. Au Tonkin on manque de munitions, mais dans les régiments on en regorge. Il parait qu'il faudrait trop d'écritures, de papier, d'encre et de secrétaires pour faire inscrire la rentrée de ces cartouches, ou leur transmission au régiment qui suivrait. Il devient plus économique de les brûler.

C'est beau, la bureaucratie !

.•.

Crise commerciale.

Balandu est navré. C'est samedi : il ne sait comment payer ses ouvriers.

Boirot le rencontre, dans le plus profond désespoir.

— Voyons... il y a moyen d'arranger ça. Combien sont-ils ?...

— Trente-trois...

— Emprunte-leur à chacun quarante sous !

.•.

Dubonnard raconte sa dernière prouesse cynégétique :

— Je me promenais dans un champ, quand je tombe à pieds joints dans une compagnie de perdreaux... Ils étaient sept. En une minute, tous les sept tombent morts, et moi-même, je me relève grièvement blessé...

— Vous aviez tiré en éventail ?

— Non... mon fusil avait éclaté !

*<br>* *

On parle d'un ténor qui chante faux.

— On dirait que toutes les notes sont souffrantes.

— Ce n'est pas étonnant, elles sont attaquées de la poitrine.

*<br>* *

Lu à la foire d'Elbeuf, sur une boutique :

## MADEMOISELLE PAMITA,

LA SEULE DES VÉNUS MODERNES QUI SE DÉMONTE EN

QUARANTE-NEUF MORCEAUX.

.*.

Cueilli sur l'album d'un penseur profond :
« La vertu n'est pas l'ignorance du vice, mais la façon de le cacher. »

.*.

Dumanet est un bon soldat; mais hier il rentre avec son schako en très mauvais état.

Le sergent le renvoie après lui avoir fait des observations.

Deux heures après, il revient, complètement gris, et tombe sur son capitaine.

— C'est la faute au sergent, crie Dumanet; il m'a dit de ne rentrer que quand j'aurais mon pompon!

.*.

Un journal très au courant des chasses du high-life nous informe qu'hier, aux tirés de Rambouillet, on a tué un lièvre entièrement blanc.

Ce lièvre, — complétons la nouvelle. — pendant l'hiver habite sur un tambour et se vend, au passage Jouffroy, de 2 fr. 50 à 6 francs.

* *
*

Les Allemands, qui se piquent d'être amoureux de musique, ont des bizarreries à nulle autre pareilles.

Le roi de Bavière déteint sur eux.

On a joué, ces jours derniers, au Krolltheater, le *Faust* de Gounod en trois langues : M. Miranda chantait Faust en français; Mlle Russel jouait Marguerite en italien; enfin, les chœurs chantaient en allemand.

M. Prudhomme verrait dans cette représentation l'image d'un concert diplomatique!

* *
*

M. Ballande vient de prendre une décision suprême. Il a trouvé que les honneurs rendus à Victor Hugo n'étaient pas suffisants, et, à l'occasion de la reprise de *Notre-Dame de Paris*, propose d'installer dans le foyer du théâtre des Nations un musée composé de tous les objets « qui se rattachent le plus à la personne du poète ou à son génie ».

Cet hommage rendu à Victor Hugo sera évidemment sensible au public. Nous connaissons déjà un

22

libraire qui a fait parvenir au directeur des Nations un exemplaire — unique d'ailleurs — portant le titre :

VICTOR HUGO

*Odes et Ballades!*

.·.

C'est Rouen qui donne aujourd'hui l'exemple de la décentralisation artistique. Le Théâtre-Français a représenté samedi une opérette qui n'a pas été jouée à Paris, mais qui a eu le plus grand succès à Vienne et à Bruxelles.

L'*Étudiant pauvre* a eu à Rouen un succès colossal. D'autant plus que les Rouennais avaient la primeur d'une œuvre que les Havrais voulaient à tout prix.

.·.

On offre à Boirot un demi-setier chez le mastroquet.

— Un pot de vin ? malheur !... murmure-t-il, vous me prenez pour le président du Conseil municipal ! Donnez-moi une bouteille entière.

* *

Une appréciation de l'auteur de *Madame Bovary*, recueillie à Rouen :

« Flaubert, un drôle de pistolet ! »

* *

Le général Z... inspecte les officiers de réserve, avant le départ pour les manœuvres.

— Qu'est-ce que vous faites dans le civil ? demande-t-il à l'un d'eux.

— Mon général, je suis employé au Mont-de-Piété.

— Excellent !... Cet officier sera spécialement chargé du service des reconnaissances.

* *

Le roi de Suède vient d'informer l'Académie des sciences qu'à l'occasion de sa soixantième année il fonde un prix de 2,500 francs pour l'auteur de la plus belle découverte en mathématiques.

Jamais, si le ciel nous accorde un soixantième anniversaire de notre naissance, nous ne songerons à fournir un subside aux mathématiciens.

Il n'y a pas de sot métier, mais il y en a de plus utiles pour l'humanité que celui d'algébriste. A la place du roi de Suède, nous aurions offert un prix d'honneur à la plus belle fille des États scandinaves.

Tandis que le prix de mathématiques est au moins bizarre, quoique au fond plein de calculs.

* *

Lu sur une baraque foraine, à une fête des environs de Paris :

*Lutte électorale*

Entre candidats et électeurs.

* *

Un réserviste s'adresse au capitaine pour obtenir la permission de coucher en ville.

— Êtes-vous marié? demande le capitaine.

— Non... je ne suis pas marié, mais j'ai des enfants!

*<br>* *

L'excellent Boirot vient d'être père. Il accourt chez son oncle.

— Ah!... quelle joie... Nous avons un enfant!...

— Une fille? demande l'oncle.

— Non.

— Un garçon alors?

— Allons, bon!... on vous l'a dit, murmure Boirot... Je voulais vous laisser chercher...

*<br>* *

Le candidat humain, Adolphe Bertron, vient de se signaler par une nouvelle originalité.

Il a écrit à la reine Victoria, à Londres (ou à Windsor, avec prière de faire suivre), pour l'inviter à dîner, à Paris, boulevard des Italiens, six heures du soir, à un banquet n° 1. « Trois couverts seront réservés pour Sa Majesté », ajoute M. Bertron, Liberge, des Bois, Octogénaire. « Il le faut, vous le devez!... Venez, le genre humain sera fier et satisfait de vous y savoir! Télégraphiez en cas d'empêchement. »

22.

Nous ne savons si réellement la lettre a été écrite par le célèbre candidat humain, mais elle est digne du grand homme. Quant à la reine, elle aura véritablement mauvaise grâce de refuser un dîner où on lui offre trois couverts !

***

Le mascaret de Caudebec a eu pour conséquence de retenir à Trouville les instituteurs, qui, en venant du Congrès, se promettaient les joies de la navigation.

Nous sommes heureux que cet événement ait servi de théorie pratique à MM. les éducateurs de la jeunesse. Ils pourront au moins, *de visu*, raconter aux jeunes élèves les phénomènes de la marée et du mascaret, qu'un des leurs confondit l'an passé avec un personnage de Molière.

***

Si l'instruction doit nous sauver, l'encre du salut nous coûte encore assez cher.

Le 19 septembre, on adjugera la fourniture d'encre nécessaire aux écoles de Paris en 1886. La dépense est évaluée à 7,500 francs.

En somme, ce ne serait pas trop si chaque année

donnait, en retour, un Victor Hugo ou un Alexandre Dumas.

*<br>* *

Les duellistes sur la frontière espagnole continuent à être traqués par les carabiniers, qui veulent sérieusement empêcher les Français d'apporter le choléra en Espagne!

Avant-hier, deux adversaires ont échangé une balle, poursuivis d'un côté par les *carabineros* et de l'autre par les gendarmes. Seuls, les témoins ont été touchés par l'héroïsme des deux combattants et ont réconcilié les ennemis sur le terrain de la quarantaine.

Pour être sérieux, les duels devront désormais avoir lieu en ballon.

*<br>* *

La préfecture de police accomplit son œuvre d'épuration avec une dignité lente, mais sûre. Elle attaque partout les délinquants.

Hier, c'étaient les herboristes, qui, d'après un décret de l'an IX germinal (pas celui de Zola), ne peuvent vendre de produits pharmaceutiques, et qui, aux approches d'épidémies, débitent les produits les plus bizarres et les plus dangereux.

On vend couramment chez l'herboriste le poison que l'on refuse chez le pharmacien. De sorte que, pour intoxiquer sa femme, il fallait une ordonnance pour obtenir un peu d'arsenic, tandis que l'herboriste, outre le poison qu'il pouvait vendre en grande quantité, vous donnait souvent de très utiles petits conseils.

> Laissez l'herboriste à ses herbes
> Et la pilule au pharmacien!

On lit dans une profession de foi électorale :
« Pendant trente-cinq ans, j'ai été unanime à demander la liberté. »
Unanime à lui tout seul ! Quel égoïsme !

M. Rosenthal, le célèbre joueur d'échecs, a été assailli, à la sortie du Cercle de Trouville, par trois gredins qui l'ont frappé de coups de poing américain.

C'est dur, pour la première fois de sa vie, d'être fait mat en trois coups !

*
* *

Un chiffonnier passe le long des murs et accroche un fouillis de listes électorales.

— Peuh! murmure-t-il philosophiquement, il n'y a pas de sot papier!

*
* *

Le directeur de la *Pall Mall Gazette* est accusé d'avoir détourné une jeune fille.

Il répond qu'il ne l'a fait que pour s'assurer de la facilité avec laquelle on pouvait tenter l'opération.

Que diriez-vous d'un pompier qui allumerait un incendie pour se donner le plaisir de l'éteindre?

Calino est dépassé.

.·.

Aux courses.

— Quelle veine à eu *Plaisanterie*, en Angleterre!

— Dame... on ne s'en doutait guère à ses débuts, elle est arrivée à Londres en sabots !

.·.

Le pape songe, dit-on, à vendre son artillerie, tout ce qui reste des canons de l'Église.

L'artillerie pontificale comprend cent vingt canons et six mille bombes : les débris d'une puissance militaire !

Ce qui manque de plus, ce sont les artilleurs.

Douze vétérans époussètent les vieilles pièces et leur font prendre l'air chaque mois. Un cardinal inspecte le matériel et un *monsignor* repeint les affûts.

L'Italie peut dormir tranquille.

.·.

Une énorme femme est houspillée à la douane suisse. Un inspecteur vigilant met la main sur le pouff.

— Ah! pardon, murmure la dame en poussant un cri, celui-ci est nature!

*
* *

Un député cause avec une momentanée.

— Tu peux bien m'emmener avec toi..., tu m'as dit que tu dînais chez Ledoyen.

— Pas d'erreur... Je dîne chez le doyen d'âge!

*
* *

Le gardien-chef d'une maison centrale montre avec orgueil son fils à M. Prudhomme, qui est venu visiter les détenus.

— Ah! c'est un bel enfant!

— C'est vrai, ajoute Joseph, jamais on ne croirait qu'il a été fabriqué dans les prisons !

.·.

M. Dubonnard père a fait mettre devant sa porte une énorme jonchée de paille.

— Votre fils est donc souffrant ? lui demande quelqu'un.

— Non... c'est un avertissement que je lui ai donné... J'ai voulu lui montrer sur quoi il couchera plus tard, s'il continue son train de vie !

.·.

Un père de famille, qui a l'expérience de la vie, donne des conseils à sa fille, qui épouse un fort aimable garçon.

— Ne sois pas jalouse dans les premiers temps... Il ne te resterait rien pour plus tard.

.·.

Guibollard a voyagé dans le centre de l'Afrique et a eu des aventures extraordinaires.

— J'ai été anthropophage, disait-il hier.

— Vous mangiez de l'homme ?...

— Et je m'y étais si bien habitué, je trouvais la

chair humaine si tendre, que de temps en temps
encore je me reprends à me sucer le doigt.

*
* *

— C'est drôle, fait Boireau, chaque fois que je
sors, je perds ma canne!

Et il ajoute :

— Heureusement, je n'en emporte jamais qu'une
à la fois?

*
* *

A Monaco.

On parle de la jeune baronne de Folle-Mèche,
une momentanée, d'ailleurs excessivement plate.

— Voyez-vous, c'est une femme qui n'a de l'estomac qu'au trente et quarante.

*
* *

Niniche et Poulette causent de leurs petites
affaires.

— Le vieux baron t'a fait une déclaration? dit
Niniche.

— Oui... de faillite !

*
* *

On annonce à Calino que MM. Mackay et Bennet

font les frais d'un câble qui reliera la France et l'Amérique.

Riche idée et idée de riches.

— Sera-ce un câble souterrain? a demandé Calino.

.˙.

On parle de la fécondité d'une concierge qui a accouché de trois jumeaux.

— Moi, dit Guibollard, j'ai connu une dame qui, après avoir eu un enfant, mit au monde un second, une heure après. Heureusement qu'on me prévint. J'arrivai à temps pour arrêter le troisième!

.˙.

Nous lisons dans un roman qui débute par une description de mansarde :

« Un chat, le tigre du pauvre... »

*
* *

La marquise vante son pied, d'une élégance exquise : Boireau, qui veut être aimable, mais n'est
point érudit...

— C'est un pied Louis XV..., un vrai pied à la
Sainte-Menehould !

# Octobre

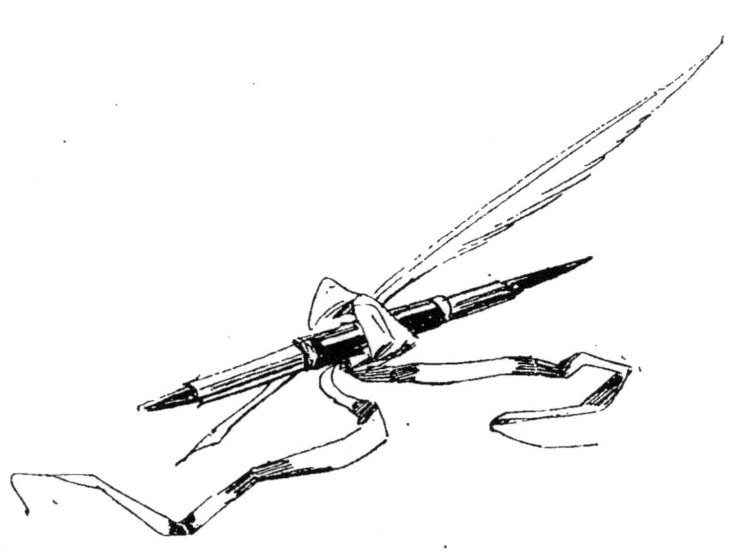

# OCTOBRE

Il y a eu cette semaine un banquet de sourds-muets. Quel contraste par ce temps de période électorale !

La conversation a été vive et animée, et pourtant, comme disait Bilboquet, on aurait entendu voler un mouchoir.

Quel exemple pour les assemblées électorales, et quel dommage que la Chambre des députés ne contienne pas beaucoup de membres atteints de cette infirmité !

.·.

Il ne se passe pas de semaine où les auteurs dramatiques ne se plaignent d'être audacieusement volés à l'étranger. M. Sardou, à qui le théâtre a payé plus d'un asile champêtre, se lamente sur le peu d'argent que touchent les auteurs à l'étranger.

Se souvient-il des prix auxquels se vendaient jadis les pièces de théâtre ?

Le manuscrit d'*Andromaque* fut vendu, en 1667, aux comédiens deux cents livres.

Avant Beaumarchais, quand une pièce était tombée « dans les règles », c'est-à-dire quand une seule de ses représentations avait produit une somme inférieure à 1,200 livres, le directeur ou les comédiens s'appropriaient désormais la propriété de la pièce.

Il est vrai qu'il y a loin de ce temps-là au *Maître de Forges* et de *Théodora*.

.·.

Un aimable euphémisme, cueilli dans une dépêche télégraphique :

« Les médecins pensent qu'il faudra encore vingt jours pour que le choléra puisse accomplir sa parabole. »

Pourquoi pas son tour de valse?

* *

La douane helvétique vient de se signaler par un arrêté qui ferait rougir les pantalons garance.

Désormais, on fouillera les pouffs des dames, car c'est par là que se fait la plus grande contrebande. Nous savons bien que la douane a ses rigueurs, mais celles-ci sont à nulle autre pareilles.

Notez que, pour être logique, il faudra non seulement fouiller les pouffs, mais encore ouvrir les corsages, écarter les faux cheveux, tâter les faux mollets, et se perdre dans les atours qui contribuent à l'embellissement de la femme.

Qu'au moins la douane suisse engage les eunuques pour ce genre de travaux!

* *

On signale un tournoi intéressant qui vient d'avoir lieu dans une ville de l'Est.

Deux dames du monde, et du meilleur, se sont défiées à l'art de parler vite et de dépêcher le plus de mots possible dans un temps déterminé.

Chacune des champions a parlé trois heures consécutives. L'une des dames a prononcé deux cent trois mille cinq cent soixante mots. L'autre a gagné le match avec deux cent quatre-vingt-seize mille.

Quel exemple pour nos députés !

.·.

Améliorations parisiennes :

Les auvents de bois, qui garantissent tant bien que mal contre la pluie les journaux placés à la devanture des kiosques, viennent d'être remplacés par d'élégantes petites marquises en verre.

L'administration aurait pu ajouter des verres grossissants, pour les feuilles intéressantes, et des verres dépolis pour les publications pornographiques.

.·.

La mort de Bobo, le singe du Jardin des Plantes, a passé inaperçue dans le déluge électoral.

Ce singe, à qui il ne manquait que la parole pour être électeur, méritait une oraison funèbre. La chronique reste muette. Bobo avait été enlevé à sa famille et à sa patrie. Sans amis, sans femme, en proie à la curiosité publique, il a vu passer devant lui de nombreuses familles, des bandes d'enfants et des caravanes de nourrices.

On peut dire que c'est le célibat qui l'a tué.

*
* *

Par ces temps de Grille d'Égout, tout ce qui choque les instincts propres du bourgeois a des chances de réussir. Signalons aux coiffeurs parisiens un mode de barbification très usité en Normandie. Quelle jolie mode à lancer :

La barbe au doigt ou à l'œuf.

Pour dix centimes, le barbier introduit son pouce dans la bouche du client et suit à l'intérieur le rasoir en lui présentant une surface convexe.

Pour vingt centimes, le doigt est remplacé par un œuf.

Ce moyen nous paraît infiniment plus distingué et pratique; car, à la fin de l'opération, on peut avaler le jaune, ce qui est excellent pour les cordes vocales.

*
* *

Les directeurs qui veulent affirmer le succès d'une pièce ont mis depuis quelque temps à la mode un canard dont il faut à la hâte couper les ailes. Sitôt qu'on veut prouver qu'un théâtre est bien fréquenté, on fait annoncer que la reine d'Espagne était la veille dans l'avant-scène n° 1.

On né dira plus : « C'est un four, ou c'est un succès. »

On dira couramment : « C'est une pièce où n'ira jamais la reine Isabelle. »

Ou bien : « La reine d'Espagne a fait retenir une demi-douzaine de fauteuils. »

Et le public, avant de se rendre au bureau de location, passera au palais de Castille voir si la souveraine, quoiqu'à Madrid, a mieux jugé la pièce que les *soiristes* ou les *lundistes*.

.·.

Les constatations de flagrant délit pour adultère sont assez nombreuses au Brésil ; aussi le gouvernement brésilien, à court d'argent, a-t-il songé à taxer d'un impôt les constatations de cette sorte.

Tout mari qui veut faire constater que sa femme le trompe avec un riche Brésilien de ses amis, paiera d'abord une somme de douze francs soixante-quinze pour se procurer cette jouissance intime.

En France, c'est l'amant qui paie quelquefois les frais de la casse. Outre qu'il s'expose à être tué par un mari inexorable, il est encore sous le coup d'une poursuite en correctionnelle, comme un simple voleur de montre.

Or, la montre reste dans le gilet et la femme vient souvent au-devant de nous.

Et enfin, comme disait un amant vexé à un mari qui, rentrant de voyage, pouvait constater le flagrant délit.

— Si vous étiez resté chez vous, monsieur, au lieu d'aller voyager, ce malheur ne vous serait pas arrivé !

*<br>* *

Le préfet de police vient de prendre une mesure excellente. Il a décidé que les cochers qui traversent le parc Monceaux devraient marcher au pas.

Nous sommes rassurés.

Seulement, chaque cocher qui marchera à l'heure va s'arranger maintenant pour traverser l'ancien parc de M. Beaujon.

*<br>* *

On vient de replacer au Palais de justice les quatre statues allégoriques qui ornaient le portique monumental : la Justice, la Sagesse, la Force et la Prudence.

Notez que ces statues datent de plus de cent ans et sont l'œuvre du sculpteur Berruyer.

24

Ce qui a fait dire à un de nos confrères, peu ferré sur l'histoire de l'art, que l'on avait mis la statue du grand avocat Berryer entre la Sagesse et la Prudence !

.*.

Lu sur la devanture d'un marchand de vin, rue de la Chapelle :

« Mes candidats sont passés ! Ma joie est sans mélange et mon vin aussi ! »

.*.

Il y a vraiment des professions bizarres à Paris, mais nous doutons qu'il en existe une plus étonnante que celle d'un propriétaire qu'on nous a montré, l'autre nuit, dans les dessous des Halles.

Les cabinets de physique ont besoin de pucerons et de poux pour les examens microscopiques et les fameuses études sur les microbes. Or, plusieurs préparateurs de physique viennent chaque nuit aux Halles et le même individu leur fournit des animaux gras et frais, bien entretenus et dans de bonnes conditions.

Fournisseur de poux pour les cabinets de physique.

Une belle chose que la liberté du travail !

*
* *

Une importante innovation !

Nous avons rencontré en Suisse, cet été, un riche Italien d'ailleurs sec et ridé comme un parchemin. Il nous dit d'une voix émue :

— Je ne vais plus en France... A mon dernier voyage, j'ai failli brûler dans un wagon où l'on m'avait enfermé à double tour...

— Vous vous moquez ?

— C'était en 1842... sur la ligne de Versailles. Dumont-d'Urville en mourut, avec bien d'autres.

Nous rassurâmes le noble Génois, mais quand il ajouta : « On enferme aussi les gens dans leurs cabines de bains, » nous dûmes rougir, en songeant à nos immortelles routines !

*
* *          .

Le ministre des finances de Russie vient de prendre un arrêté dans lequel il supprime les débits où l'eau-de-vie est consommée sur place.

On l'achètera pour la boire à l'extérieur, ce qui reviendra au même.

Les Russes ont pris, en matière d'alcool, la devise d'une célèbre princesse de l'Ukraine : « Jamais assez ! »

Un bel exemple pour les députés qui voudront faire des réformes!

N'insistons pas.

.·.

On reprend la fécondation artificielle, dans l'aquarium du Trocadéro.

Il ne s'agit pas de femmes récalcitrantes, mais simplement de quatre-vingt mille œufs de saumon.

Ces quatre-vingt mille petits saumons, qui viennent éclore de l'autre côté de l'École militaire, sont destinés à peupler la Seine.

Pourquoi ne ferait-on pas pour eux ce qu'on fait pour le septième enfant? Tout septième saumon qui serait pris à la pêche devrait être remis dans l'eau, pour l'engager à repeupler.

Il y aurait une société protectrice des petits saumons. Et elle vaudrait certainement mieux que celle des petits Chinois.

.·.

Le chemin de fer du Righi, bien connu des amoureux en voyage de noce, vient de dérailler et de blesser les vingt employés qui revenaient passer l'hiver à Lucerne.

C'est déjà gentil pour un chemin de fer d'avoir attendu qu'il n'y ait plus de voyageurs payants.

La princesse Pignatelli, dont le succès comme cantatrice n'a même pas été un succès d'estime, annonce qu'elle va publier une deuxième édition de son livre : *Les Deux bouquets fanés.*

Ce livre a donc eu une première édition ?

Et la princesse ajoute, dans une lettre adressée à un de nos confrères, que sa famille ne lui faisait qu'une pension de 12,000 francs pour qu'elle ne publiât pas cette seconde édition.

La princesse aurait dû continuer ce genre de littérature silencieuse. Cela devait toujours lui rapporter davantage.

*
* *

Les lièvres augmentent. Le gibier est hors de prix.

Mais le chien est vraiment trop cher.

Un M. Liewellin, grand sportsmann anglais, a vendu hier à un Américain un chien couchant pour la somme de 20,000 francs.

Sacrebleu ! mais pour le prix on aurait eu un soleil couchant de Diaz ou de Théodore Rousseau.

*
* *

La reprise des exécutions capitales ramène la question de l'abolition de la peine de mort, et en tout cas de la suppression de préparatifs odieux autant qu'inutiles.

*Times is money*. Les Anglais sont des gens pratiques. Pourquoi ces longues heures qui précèdent en France l'exécution? L'autre jour, on a forcé le condamné à assister au sacrifice de la messe. Le sacrifice a dû être dur.

Non pas que le condamné soit intéressant; mais il est intéressant pour la société de ne pas faire d'une suppression d'homme, qu'à tort ou à raison elle se donne le droit d'accomplir, une simple expérience de vivisection.

Nous retrouvons à ce sujet un mémoire qu'adressait, en 1869, à l'empereur, M. Claude, le chef de la sûreté. M. Claude proteste contre l'usage de couper le col de la chemise.

Bien plus simple de donner de suite au condamné une chemise sans col.

Pour ce qui est des cheveux, la coupe est inutile. La chevelure d'Absalon elle-même n'eût pas opposé de résistance, etc.

Les économistes peuvent travailler ce sujet-là, mais quittons vite ces détails de toilette.

.·.

Il y a huit jours, deux coureurs à pied parient

d'arriver de la cascade à la rue Lamartine en dix-huit minutes. Un coureur est tombé en route; l'autre est arrivé à l'angle de la rue Lamartine et était tellement essoufflé, qu'il s'est laissé choir sous une voiture.

Pour qui ce genre d'exercices peut-il être intéressant?

Pas même pour les victimes!

*<br>* *

> Il était un petit navire!
> Qui n'avait ja... jamais navigué.

C'était même une périssoire sur laquelle un capitaine Devarw avait essayé de traverser la Manche. On recueillit la périssoire et le capitaine dans un fâcheux état.

L'histoire l'amusait, il l'a recommencée; et cette fois-ci, on l'a encore repêché dans la mer du Nord.

« Cette série de tentatives extraordinaires et inutiles ressemble à une marche sûre de l'ambition vers la folie, » a dit M. Prudhomme.

Il a peut-être raison, M. Prudhomme.

*<br>* *

Les drames de Neuilly ont fait surgir des héros.

Tous les habitants, armés jusqu'aux dents et équipés en guerre, courent après les voleurs, trop malins pour n'avoir pas changé de base d'opérations.

Hier, Z..., propriétaire de Neuilly, fait une ronde vers minuit dans le jardin de sa maison. Il est muni de deux revolvers et deux domestiques l'accompagnent.

Au détour du mur qui sépare sa propriété de la maison voisine — l'atelier d'un peintre décorateur. — Z... aperçoit un homme vêtu d'un manteau couleur de muraille et armé d'un formidable gourdin.

— Qui va là ?

Pas de réponse.

Z... se rapproche avec ses deux larbins et tous trois bombardent l'infortuné. Dix-huit coups de revolvers appellent les rondes des gendarmes et des sergents de ville. La foule se précipite.

L'homme sombre, impassible et immobile, stationnait dans l'ombre et paraissait privé d'un bras.

On s'approche prudemment, et le peintre voisin reconnaît une statue de bois, un superbe saint Jean de Compostelle qu'il avait peint dans la journée et qu'un malin avait déposé dans le jardin à côté.

Saint Jean de Compostelle est dans un état irréparable.

.·.

On a simplement râflé avant hier, au quartier

Latin, soixante-douze jeunes hétaïres non assermentées.

Il ne restera plus que des vierges pour la rentrée des étudiants.

On a amené les soixante-douze horizontales à la préfecture de police.

— Un vrai passage de grues ! a fait M. Prudhomme.

*
* *

L'art militaire avait déjà accaparé comme auxiliaires, les pigeons voyageurs et les colombes, dont le rôle modeste consistait à porter jadis les rameaux de paix.

Voilà le meilleur de l'homme, le chien, qui va être également requis par l'autorité. Tout le monde soldat !

On va dresser des chiens sentinelles.

Une succursale des terre-neuves, des chiens du Saint-Bernard, et des chiens contrebandiers.

Le chien aboiera à côté de la sentinelle, ce qui annoncera à l'ennemi sa présence, et les assaillants devront toujours avoir sur eux quelque morceau de sucre destiné à faire qu'Azor reste tranquille.

Mais il sera d'une utilité incontestable pour porter des dépêches.

Nous pourrions aussi avoir le chien enragé par les procédés Pasteur : On le lancerait du côté de l'ennemi. Sa morsure ne serait-elle pas pire qu'une balle explosive ?

.*.

C'est radoter que de blaguer la police.

Quant aux crimes, il y en a vraiment de particuliers. Aujourd'hui, c'est une belle-mère qui se penche sur son gendre, une lampe à pétrole à la main. Elle affirme que, par un malheureux hasard, la lampe s'est renversée, et a brûlé le malheureux époux de sa fille.

Les jurés qui ont une belle-mère ne s'y tromperont pas !

.*.

La baronne de K... se plaint de son mari, un ex-coureur qui a remisé depuis longtemps.

— Je le considère, ajoute-t-elle, comme un ornement de cheminée; mais c'est bien ennuyeux de toujours regarder une pendule qui ne marche plus!

* *

Un vieux cocher est entré récemment dans les pompes funèbre.

O force de l'habitude, hier, au moment du départ

de la maison mortuaire, il se retourna d'une voic monotone :

— Dites-donc, bourgeois... c'est-y à l'heure ?

* *

Z... est à peu près borgne à la suite d'un pot de vitriol qu'une femme aimée, quoique jalouse, lui déposa le long de la figure.

— Cette pauvre Émilie, dit-il en parlant d'elle, je l'ai bien aimée... mais elle m'a coûté les yeux de la tête !

* *

M. Prudhomme cause avec une momentanée.

— Enfin, demanda-t-il, vous avez oublié jusqu'au nom du premier homme qui...

— Hélas! reprend l'autre, les femmes retrouvent rarement le monsieur qui les a perdues !

∴

Le vieux marquis de Ribeaudé se lamente sur les erreurs de sa folle jeunesse.

— J'ai été un vil sacripant!... et je courais les femmes !...

— Vous vous en repentez, au moins? lui demande la baronne...

— Dame oui, reprend le marquis, c'est une occasion de m'en souvenir !

∴

Lu dans les mémoires d'un gentilhomme :

« Je n'ai jamais dépensé plus de douze francs pour les femmes... c'est une fantaisie que peut seul se payer un grand seigneur! »

∴

Un marbrier compose l'épitaphe d'un sieur Boulé, décédé le mois dernier.

— Boulé de quoi? demande un fumiste. Ils se sont tous appelés de la Meurthe ou de quelque autre chose...

—J'ai trouvé... fait le marbrier, qui se croit malin. Et il grave sur la pierre cet atroce calembour :

*Ci-gît  Boulé-de-Mars!*

*
* *

La comtesse de Capitoul est horriblement laide.

— Pourquoi ne me regardez-vous jamais? demandait-elle à son mari.

— C'est pour mieux t'aimer, mon enfant !

*
* *

Le jeune Balandard est mélomane, mais tendre.

— Wagner! quel talent! Sa musique me fait pleurer.

— Peuh! fait quelqu'un, un coup de pied bien appliqué pourrait vous produire le même effet.

⁂

Je ne sais plus quel journal citait, l'autre jour, les généraux qui ont joué un grand rôle dans les dernières années de l'Empire et sont maintenant en disponibilité.

Il mettait tranquillement dans son énumération.

« ... Le général Fleury, le général Lebœuf... qui n'est plus à la mode! »

⁂

Z... rentre chez lui :

Le concierge, empressé et gracieux, lui tend ses lettres avec un sourire.

— Oh! oh!... fait Z..., mon concierge, déjà poli le 25 octobre..., il doit avoir un calendrier qui avance!

⁂

Deux aimables confrères causent d'un troisième collabo, jeune débutant dans les lettres.

— Tout ce qu'il fait est d'un poncif!

— Comment donc ! ajoute l'autre, mais il pousse la sottise jusqu'à ne pas se croire un imbécile !

*
* *

Au coin du boulevard Haussmann, un cul-de-jatte affreusement bosselé implore en permanence la pitié publique.

Il a ajouté à son appareil ambulant un poteau sur lequel on lit cette inscription consolante :

« Dieu seul est grand ! »

*
* *

On demande à M^lle Berthe, âgée de quinze ans, le nombre de printemps que dissimule sa mère.

— Maman n'est pas vieille... Aux eaux, en été, elle m'appelle encore sa sœur !

25.

# NOVEMBRE

L'administration tutélaire qui veille aux travestissements militaires vient d'octroyer aux pompiers
un casque beaucoup plus petit :

Ou le casque est un protecteur, ou c'est un inutile.

Dans le premier cas, il faudrait l'élargir; si c'est
un vain ornement, il vallait mieux le supprimer.

Jamais il ne nous viendra l'idée, quand il pleut,
de faire émonder nos parapluies.

.˙.

L'honorable doyen d'âge qui a présidé la première 'séance de la Chambre a réhabilité les Savoyards.

On n'appelle plus les ramoneurs que des Allobroges.

Ce n'est pas bien malin, mais comme c'est plus élégant !

« L'allobroge de M. le propriétaire vient ramoner la cheminée de madame. »

Au fond, il n'y a de vrai que les belles manières.

.˙.

Les rigueurs de l'hiver qui commencent !

Nous savions bien que les maisons de commerce se plaignaient, et que bien des fabricants étaient dans la gêne.

Mais une maison qui n'est pas au coin du quai, qui en est seulement très proche, se plaint de l'abandon de la clientèle.

.˙.

La morgue avise la préfecture qu'elle a eu bien moins d' « entrées » pendant le mois courant que dans les précédents.

Il est certain qu'à cette époque de l'année, on

choisit un genre de suicide moins frais et plus agréable.

*<br>* *

Une coquille parlementaire :
— M. Basly..., le ministre de Denain....
Évidemment, on a voulu dire : « ministre de demain, » mais M. Basly n'y est pas encore.

*<br>* *

Le ministre des affaires étrangères est en train de se ranger.

On vient de s'apercevoir que, la plupart du temps, une lettre chargée de vingt-cinq centimes remplace fort bien un jeune courrier de cabinet, partant, aux frais des contribuables, pour visiter Stockholm, Constantinople ou Pétersbourg, sous prétexte de porter une dépêche à l'ambassadeur.

Rien que la suppression de ces courriers de cabinet — particulier, rapportera cent mille francs à l'État.

Comme dit Joseph Prudhomme : « Il n'y a pas de trop petites économies. »

*<br>* *

Le Conseil municipal a, quelquefois, des élans de

poésie que François I<sup>er</sup> ou Henri II n'auraient pas dédaigné.

M. Michelin a proposé de donner une subvention pour célébrer le centenaire de Ronsard, et de voter une concession de terrain au Père-Lachaise.

Ronsard n'attend pas, heureusement, après, pour être enterré. Le gai poète aurait du succès aux concerts classiques, si on rechantait ces couplets délicieux, mais bien oubliés :

> Pourquoi donc que, quand je veux
> Ou mordre tes blonds cheveux,
> Ou baiser ta bouche aimée,
> Ou toucher à ton beau sein,
> Contrefais-tu la nonnain
> Dedans un cloistre enfermée!

Ces couplets ont évidemment touché le cœur laïque de l'ex-président du Conseil municipal.

.˙.

Il est aussi question de remettre des statues sur les socles du pont de la Concorde, que les anciennes avaient lézardé.

Ce pont est entièrement construit avec des pierres de la Bastille. On pourrait ranger d'un côté les statues des gens qui ont gémi sur la paille de la forteresse et, de l'autre, celles de ceux qui l'ont prise d'assaut.

A moins que l'on n'attende que de grands hommes d'État se soient révélés à l'Assemblée actuelle pour y placer leurs effigies. Notez qu'en les renversant, un jour d'émeute, on aurait d'excellentes barricades pour défendre la Chambre des députés.

*
* *

Un statisticien allemand vient de calculer le poids total de ses compatriotes.

Une jolie occupation.

Il l'évalue à deux milliards vingt-trois millions sept cent quarante mille kilogrammes.

Les Français ont quelque chance de rester le peuple le plus léger de la terre !

*
* *

Dumanet, entrant dans un bureau de tabac à Rome, alors que les troupes françaises occupaient les États pontificaux, demandait :

— Deux sous de tabac !

Et comme la marchande ne comprenait pas, il s'écriait lyriquement :

Comment, voilà six mois que nous sommes à Rome, et vous n'avez pas encore trouvé le moyen d'apprendre le français !...

Le gouvernement agit, paraît-il, au sujet de M. de Brazza, comme le buraliste vis-à-vis de Dumanet. Il n'y a que deux ans que le pavillon français flotte sur les rives du Congo, sans que, heureusement, nous ayons perdu un soldat, et les mêmes hommes qui s'acharnent après le Tonkin, trouvent extraordinaire que tous les rois nègres n'aient pas encore d'ambassadeurs à Paris!

La statistique des alcools!

Il importe de mettre des chiffres officiels sous les yeux de ceux de nos lecteurs qui adorent l'eau-de-vie.

De 1840 à 1850, on a consommé 891,500 hectolitres d'alcool, dont 750,000 provenant de la distillation des vins.

En 1883, sur 1,997,000 hectolitres d'alcool, il y a à peine 14,000 hectolitres qui soient des produit du vin.

Le laboratoire municipal constate, d'ailleurs, que tous ces alcools falsifiés produisent plus facilement l'ivresse, qu'ils sont nuisibles et qu'on y retrouve, comme base généralement adoptée, un produit particulier :

L'huile essentielle de lie de vin, obtenue (au moyen de l'oxydation par l'acide nitrique), de l'huile de coco, des beurre de vache, huile de ricin et autres matières grasses.

Et maintenant buvons de l'Armagnac !...

*<br>* *

On annonce de Montpellier la mort du physicien Lassaigne, qui eut son heure de célébrité et a promené dans toutes les foires les mystères de la muscade et les surprises de la malle des Indes.

Les affaires allaient moins bien depuis quelque temps. La physique, — même amusante, — a fait des progrès, et les prestidigitateurs sont aujourd'hui de grands seigneurs, que les rois se disputent, comme le célèbre C. Hermann.

M. Lassaigne était le beau-père de Paulus; mais, tandis que le gendre régnait à la Scala, le physicien courait encore les foires, essayant avec ses derniers boniments d'attirer la foule qui ne s'y laissait plus prendre.

*<br>* *

Il nous arrive une ambassade, qui, outre son charme personnel, a celui de la nouveauté.

26

Douze Japonaises de Yeddo, choisies parmi les plus intelligentes et les plus jolies, viennent, subventionnées par leur gouvernement, étudier, pendant trois ans, les mœurs des Parisiennes, leur langue et leurs habitudes. Pauvres Japonaises, qui rapporteront dans leur pays de drôles de façons!

Il est vrai qu'elles verront leurs bibelots bien acclimatés chez nous, et qu'elles auront la satifaction, lorsqu'elles s'habilleront à la mode française, de retrouver, au milieu des vases de Kioto et des porcelaines de Kiou-Siou, les plus élégantes Parisiennes vêtues de peignoirs japonais.

．．．

On a parlé de la censure sur tous les tons et à tous les âges.

Le fils de Noé, qui jetait un manteau sur son père au milieu des vignes du Seigneur, obéissait à ce besoin inhérent de censure, nécessaire à tous les hommes.

Sans remonter au déluge, le Saint-Siége avait, au moyen âge, un truc excellent pour grossir ses bénéfices. Il accordait, moyennant finances, la permission de lire les livres censurés.

Si on lisait l'ouvrage défendu sans offrir son

obole à la Papauté, on était excommunié en vingt-quatre heures.

*<br>* *

Les gommeux ont décidé de supprimer les gants.
Épilogue de la suppression des ganteries.
Il ne reste plus à ces messieurs qu'à supprimer les chaussettes. Ce sera mauvais genre, mais c'est une raison de plus.

*<br>* *

Deux médecins bien connus entrent au Cercle :
— Faisons-nous une partie de piquet?
— Si vous voulez... Un rubicon à dix sous le point?
— Non... Jouons seulement deux clients pauvres!

(Historique.)

*<br>* *

Les journaux officieux nous apprennent que si la déclaration ministérielle a reçu de la Chambre un accueil assez froid, c'est que les deux cent cinquante députés nouveaux, ne connaissant pas encore les usages parlementaires, se sont abstenus de manifester leur sentiment.
Nous pensons que l'utilité d'un chef de claque à

la Chambre est suffisamment démontrée par cette note.

De plus, il serait bon que le président d'âge, qui a quelque habitude des usages et manifestations parlementaires, réunît les députés conscrits et leur fît répéter avec intonations diverses les mots consacrés : « *Très bien ! — Bravo ! — A la bonne heure ! — C'est cela ! — A la porte ! — C'est un scandale !*

.·.

Les variations de température ! Lisez ces dépêches, que le hasard met dans un journal l'une à côté de l'autre :

*Paris.* — Les courants sont très vifs, le thermomètre baisse. La journée parait devoir être très froide.

*Sofia.* — Les serbes sont en présence de l'ennemi, la journée parait devoir être très chaude !

.·.

On reparle déjà de la crise ministérielle. Un fantaisiste plein d'héroïsme disait « qu'impossible » n'était pas français.

Il aurait admis l'adjectif, en songeant à la position d'un ministre en ce temps-ci.

*<br>* *

La manière d'élire les ministres en Suède était commode il y a deux siècles, et elle était souvent aussi durable. Tous les personnages à peu près dignes de cette fonction se rangeaient autour d'une table et chacun mettait sa barbe dans un plateau. On laissait un insecte bien connu aller au hasard, et la barbe qu'il choisissait comme demeure faisait du propriétaire un conseiller d'État!

*<br>* *

Zambuco est consul d'un pays étrange. Le consulat est inconnu, et sa demeure personnelle est un mythe.

— Où peut-on vous voir? demande un solliciteur.

— Au quartier Latin... Écrivez *Brasserie restante*.

*<br>* *

Chaque soir, Baron et Christian quittent le théâtre de la Gaîté pour aller jouer dans la revue des Variétés.

Le fiacre qui porte les deux artistes peut être accroché ou verser; le cheval a le droit de s'abattre. Qu'arriverait-il?

En vertu d'une loi existante, l'ogre Boufbouf et

son intendant Truffentruffe seraient amenés au poste, comme exhibant au mois de novembre des costumes qui ne sont tolérés que le mardi gras.

Évidemment, on violerait la loi en faveur des joyeux compères, mais il suffirait de la mauvaise humeur d'un agent de police pour faire rater deux représentations !

.*.

L'appareil crématoire du Père-Lachaise va être ouvert au public incessamment.

N'oublions pas, alors que la crémation aura pénétré dans nos mœurs, que le premier crémé de France fut ce pauvre rajah indien qui vint se faire incinérer au pied des falaises d'Étretat.

Les habitants de la ville d'Alphonse Karr ont d'ailleurs gardé plus que sa mémoire. On vend couramment, à Étretat, des os du rajah, sur lesquels un artiste a peint, comme sur un galet, les laveuses au foulard rouge ou les pêcheurs tournant le cabestan.

.*.

On a retrouvé le plat à barbe de Beaumarchais et les instruments de chirurgie de Rabelais. M. de la Rounat a fait son coiffeur héritier de l'un, et M. Pasteur va obtenir la lancette du joyeux curé de Meu-

don, qui fut aussi professeur à la Faculté de Montpellier.

Rabelais a soigné le genre humain sans avoir eu
jamais la mort d'un lapin sur la conscience. Car,
en homme d'esprit, il professait la médecine, mais
ne l'exerçait pas.

Puisse l'instrument neuf, quoique pas mal vieux,
de l'auteur de *Pantagruel* porter bonheur au savant
de la rue d'Ulm !

Il y aurait peut-être un moyen de guérir ainsi la
rage : distraire le malade pendant un mois en lui
relisant les œuvres de Rabelais.

*<br>* *

Nous recevons un prospectus ainsi conçu :

« Maison X... spécialité de faux-mollets, seins
artificiels, pouffs et cuisses de fantaisie.

« Fournisseurs de Sa Majesté la reine de... »
N'écrasons pas la monarchie !

*<br>* *

La mode est maintenant aux reliures artisti-
ques.

Un bibliophile qui se respecte doit dépenser 12 fr.

pour un livre rare et dix louis pour la couverture.

Ce qui donne une étrange idée du goût contemporain.

Les vieilles étoffes du siècle dernier sont recherchées pour recouvrir les auteurs galants.

Pour les livres naturalistes, on pourrait prendre une peau d'une bête à longue soie.

Un bibliophile suédois a bien fait relier avec la peau d'un chrétien toutes les œuvres d'Edgard Poë. Il est vrai que le musée Carnavalet possède depuis longtemps un exemplaire de la *Déclaration des Droits de l'homme*, relié avec une peau humaine sortant de la tannerie du Bas-Meudon.

.˙.

Un industriel de New-York, fabricant de machines à coudre, vient d'offrir à M^lle Nilsson une somme ronde de cent mille francs, si elle consentait à jouer *Faust* aux États-Unis, en remplaçant le rouet de Marguerite par un instrument de sa fabrication.

Réclame originale, qui serait le point de départ de bien d'autres.

La publicité sur la scène a été exploitée sur les

rideaux ou dans les revues, mais il n'y a que les Américains pour arriver à ce degré de fantaisie.

*<br>* *

La statue de Ph. Lebon, inventeur du gaz, va s'élever bientôt au milieu des becs de gaz de la capitale.

Ph. Lebon assistera impassible à la lutte de l'électricité contre le gaz. Mais si la Compagnie était vraiment généreuse, elle ferait faire à sa statue un piédestal en or.

Ph. Lebon lui a suffisamment donné les moyens d'éclairer.

*<br>* *

Lu dans un manuel d'histoire :

« A cette époque, les Turcs, maîtres d'une partie de l'Europe, mettaient l'Asie en tutelle. »

L'Asie mineure? Gentil comme périphrase.

*<br>* *

A la caserne.

Un jeune gommeux arrive sur les rangs avec un lorgnon.

— Qu'est-ce que c'est que ça ?... demande le vieux
pied-de-banc (lisez sergent).

— Sergent, je suis myope... C'est un monocle.

— Un monocle !... Qu'est-ce que je porterai, moi,
votre supérieur ?... Un télescope ?

∴

Un comble — encore militaire.

Se faire cirer ses bottes par une ordonnance de
médecin.

*
* *

Les pêcheurs à la ligne ont voulu se signaler ; comme les bossus qui avaient organisé des courses, les pêcheurs ont organisé à Arras un défilé réjouissant.

Le président était un homme intègre, qui avait réponse à tout.

— Je comprends ça, a fait quelqu'un, c'est un homme qu'on ne prend jamais sans *ver*.


*
* *


La baronne de C... est charmante, surtout pour ses amies.

— Je vous garantis que la duchesse de C... a douze dents fausses, dit quelqu'un.

— Que vous êtes méchant !... fait la baronne. Elle en a tout au plus six.


*
* *


B... souffre horriblement des dents.

Un ami, farceur à froid, le croise sur le boulevard et regarde sa joue qui avait pris des développements formidables.

— Ah ! un remède ! un remède !...

— J'en ai un.

— Donne-le; toute ma fortune est à toi !

— Bien simple, fait l'ami gravement; tu mets une pomme dans ta joue et ta tête dans un four, tu laisses chauffer; quand la pomme est cuite tu es guéri.

∴

Calino lit le récit des derniers combats des Anglais qui ont engagé l'action afin de garantir leurs réservoirs d'eau douce.

— Ah! fait-il tristement, les éléments sont bien étroitement réunis! C'est pour avoir de l'eau qu'on multiplie les feux.

∴

Un coulissier qui a eu des jours brillants et est tombé dans la déconfiture la plus absolue parle avec mépris des souverains de la finance...

— En somme, fait-il d'un ton dédaigneux, qu'est-ce qu'il y a entre M. de Rosthchild et moi?... Des difrences de bourse !

∴

M. Prudhomme amène son fils dans le jardin des Tuileries. Un petit ami vient le rejoindre.

Le père, prudent et sage, s'informe de la position sociale du compagnon de jeux de son rejeton.

— Oh! papa, c'est le fils d'un général, répond le petit.

— Si jeune... et déjà le fils d'un général! fait M. Prudhomme gravement. Ce n'est pas possible.

*<br>* *

Un député rappelait, à propos du ministère Duclerc, un mot de Malherbe qui serait tout à fait de saison.

On demandait à M. de Malherbe, alors au pouvoir, son opinion sur les choses de l'État :

— Que voulez-vous! répondit-il, il ne faut pas s'occuper de la conduite d'un vaisseau où l'on n'est qu'un simple passager...

Et surtout quand la traversée ne doit durer que ce que durent les vacances.

*<br>* *

Popinot, tailleur, est en train d'éreinter un confrère.

(On se débine dans tous les métiers.)

— Ah! oui, parlons des pantalons et des effets que fabrique Z... Tout ça, c'est des vêtements de réserviste.

—, Comment! Z... fait des équipements militaires?

— Non... Mais ce sont des effets qui ne font jamais plus de vingt-huit jours.

.·.

La baronne de Castel-Pinto, très observatrice des règles de l'Église, refuse de manger de la viande, les jours maigres. mais se bourre l'estomac de bonbons et de gâteaux!

— Dame! disait-elle hier... je fais mon carême...

— Oui, ajoute une amie, un carême à la vanille!

.·.

A la préfecture de police.

— Voyons! fait un chef furibond. toujours les mêmes vagabonds que l'on pince, que l'on relâche et que l'on repince après de nouveaux méfaits.

— Oui, murmure un agent, on les arrête comme des pendules et on leur laisse leur balancier.

* *
*

M. le comte de K... est un beau vieillard; mais si beau qu'il soit, il n'a pu se préserver des injures du temps et des défaillances de l'âge.

Néanmoins la comtesse vient de donner le jour à un beau bébé.

— Croyez-vous qu'il soit du comte? demande un ami intime.

— Oh! pas tout à fait, vous savez, répond quelqu'un, il est à un âge où on ne fait les choses qu'à demi.

* *
*

La réouverture des théâtres a fait déposer, le long des loges de concierges de MM. les directeurs, une série innombrable de pièces de tous les genres.

— J'en ai reçu une bien drôle, nous racontait un directeur des mieux subventionnés.

— Montez-la. C'est un vaudeville?

— Non, c'est quelque chose comme une tragédie: mais, comme disait Rivarol, on ne voit pas bien: c'est de la prose où les vers se sont mis!

* *
*

Le gros baron R..., un des princes de la finance

parisienne est en même temps d'une ladrerie exagérée. Il surveille tout et maintient ses multiples employés comme un vulgaire maître d'études.

— Que voulez-vous!... dit quelqu'un, il faut bien pardonner ses défauts, c'est un richard...

— Oui, ajoute un ami, un Richard Cœur-de-Pion.

. .

Un monsieur correctement décoré vient de tailler deux banques rasoir.

Au moment où il va commencer la troisième, on s'aperçoit qu'il a dans sa manche un jeu préparé.

Ce n'est qu'un cri : A la porte! Le monsieur se rebiffe fortement.

— A la bonne heure! fait le président, rien qu'à votre animosité contre la Porte nous aurions dû voir de suite que vous étiez Grec!

. .

Un monsieur grave et décoré, autrefois grand chasseur, maintenant sédentaire, emploie ses loisirs à attendre la sortie des ateliers.

Un ami le rencontre l'autre soir montant la garde rue de la Paix, guettant les petites ouvrières.

— Comment... tu en es là !...

— Oui... fait l'ex-grand-veneur, j'ai remplacé la chasse à courre par la chasse à coudre !

DECEMBRE
1897
1897
1896

# DÉCEMBRE

L'ex-Père Hyacinthe vient de traiter de la souveraineté du Christ sur les peuples, dans une série de conférences auxquelles nul n'a fait attention.

C'est le bon Dieu qui doit être agacé de servir de thème à de pareilles variations ! Autant qu'un compositeur de musique dont une flûte fausse essaierait de chanter l'Oratorio.

**

L'auteur de la *Damnation de Faust* n'aura attendu que dix-sept ans son piédestal, place Vintimille, tandis que M. Thiers attendra toute une éternité avant d'avoir un bronze sur la place Saint-Georges.


*.

Les débuts de Berlioz furent encouragés par Chateaubriand, qu'on ne s'attendait guère à voir citer en cette affaire.

Berlioz avait composé une messe, mais il fallait la faire exécuter. Où trouver l'argent? Il cherche, réfléchit, et enfin se décide à écrire à l'auteur d'*Atala*, « comme au seul homme capable de comprendre et d'accueillir une telle demande ».

Chateaubriand, touché jusqu'aux larmes, répondit :

« Vous me demandez douze cents francs, monsieur, je ne les ai pas, mais je vous les enverrais, si je les avais. J'aime les arts et j'honore les artistes, mais les épreuves... » Etc., etc.


*.

Berlioz essaya de donner au Conservatoire une

audition de son œuvre. Le surintendant des beaux-arts, M. Sosthène de La Rochefoucauld, lui obtint la salle.

Cherubini, qui était alors directeur, entra dans une fureur noire. Il fait appeler Berlioz :

— Mais qué zé vous dis qué zé né veux pas qué vous donniez cé concert ! Tout lé monde est à la campagne et vous né férez pas récette !

— Je ne compte pas y gagner, reprend le débutant ; le concert n'a pour but que de me faire connaître.

Et Cherubini lui répond par ce mot admirable :

— Il n'y a pas dé nécessité qu'on vous connaisse !

*
*  *

En vue de faciliter le plus possible aux corps de troupe les moyens de compléter la décoration de leurs salles d'honneur, le ministre de la guerre a décidé qu'ils seront autorisés à faire l'acquisition des médailles qui rappellent des faits de guerre, et dont les coins sont conservés à la Monnaie.

Le ministre aurait dû autoriser le colonel du régiment à porter ces médailles sur la poitrine.

Elles y feraient bien meilleur effet que sur le mur, ordinairement blanchi à la chaux, des salles d'honneur.

.·.

Les dernières statistiques nous annoncent que le nombre des femmes, en Europe, est supérieur à celui des hommes de quatre millions cinq cent soixante-dix-neuf mille.

On voit que ce n'est pas le moment d'interner les jeunes filles dans les couvents.

Il y aurait peut-être quatre millions et plus de femmes manquant d'hommes!

Rassurons-nous. Si l'on ôte de ce chiffre les vieilles filles ou les dames âgées de plus de soixante-cinq ans, on voit que les hommes sont encore bien supérieurs; le sexe fort est encore fort à cent ans. M. Chevreul l'a bien prouvé.

.·.

Le *Journal officiel* est d'une prévenance infinie pour les gens qui, par hasard, rencontrent un obus dans la campagne.

*Primo*, il est interdit au passant de les ramasser.

Secondement, on doit marquer l'emplacement du projectile en disposant à proximité un branchage, une pierre, un bout de planche, et aller aussitôt prévenir le major de la garnison, lequel préviendra le service de l'artillerie, lequel enverra des hommes spécialement chargés de la destruction sur place des projectiles n'ayant pas éclaté.

C'est bien là les circulaires !

Pourquoi le *Journal officiel* ne demande-t-il pas qu'on construise une petite tour au-dessus du vieil obus, avec un fossé rempli d'eau ?

Il est si simple, quand on trouve un boulet de canon, de ne pas le mettre dans sa poche et de ne pas s'amuser à le faire éclater entre ses doigts !

*<br>* *

Les coiffeurs ont tenu cette semaine une importante séance. Il ne s'agit de rien moins que de changer totalement la coiffure des dames.

Plus de nuque découverte, plus de cheveux élégamment relevés. Des bandeaux plats et des torsades descendant jusque sur le dos !

Comme chapeaux, la simple toque avec un petit chat empaillé.

Le ministre de la guerre ayant supprimé les subsides attribués aux matous des casernes, les petits chats seront, cet hiver, très bon marché.

Mais après les chats, les dames porteront-elles sur leur crâne tous les animaux de la création ? Ne désespérons pas de voir d'ici peu des chapeaux

28

d'hiver faits avec une tête de tigre où une queue de crocodile !

∴

Le nouveau cimetière de Pantin-Bobigny est ouvert depuis cette semaine. L'administration prévient que, vu le chiffre probable de la location, on ne concédera des terrains que pour cinq ans.

Pas engageante, la perspective de déménager au bout de ce terme. On devrait bien consentir des baux aux gens sédentaires qui désirent rester tranquilles après leur mort !

∴

Le Conseil municipal veut bien changer le nom des rues, mais respecte l'harmonie des boulevards. Il a rejeté l'idée, peut-être bizarre, mais à coup sûr pratique, d'élever une passerelle sur le boulevard Montmartre, au célèbre carrefour des écrasés.

Cela gênerait l'œil, mais combien cela préserverait-il de jambes !

Il faut choisir entre le goût de l'architecture et la conservation des gens.

∴

La question des médecins de nuit vient de soulever la question des médecins de théâtre.

Ces messieurs se plaignent.

Les victimes des accidents également, car, par un malheureux hasard, chaque fois qu'on a besoin du médecin, celui-ci est toujours sorti.

— Voyons, sérieusement, nous disait hier un de nos plus aimables docteurs, croyez-vous qu'il y ait au monde un médecin capable d'avoir entendu mille fois la *Mascotte*, et après neuf cent quatre-vingt-dix-neuf auditions, susceptible d'exercer sérieusement ses fonctions?

* *

Modes d'hiver.

La toilette des dames est menacée d'une révolution : plus de taille longue, plus de pouff, plus de strapontin. On veut faire reprendre la mode des corsages courts, s'arrêtant presque sous les aisselles, comme sous le premier Empire.

Pourquoi pas, comme complément, le turban de M^{me} de Staël?

Il est vraiment fâcheux que l'on ne puisse faire, en 1886, des modes de 1886. Prenez l'art moderne aux points de vue de la construction de la mode, du mobilier.

Et vous ne verrez que des croisées Renaissance, des corsages Henri II ou des fauteuils Louis XV.

Quand on change, c'est pour reprendre des fenêtres moyen âge, des robes Louis XIII et des consoles Louis XVI !

.*.

Un docteur aliéniste, M. Luys, vient de communiquer à l'Académie de médecine un appareil dont il est l'inventeur, et qui pourra peut-être rendre de grands services. Cela s'appelle le céphalomètre, et sert à mesurer exactement l'étendue, le volume et les développements du cerveau.

On pourra exactement savoir si un jeune élève, réfractaire à tout travail intellectuel, est un simple crétin ou un jovial paresseux.

— Élève Duflanquin, demandera le pion, vous résistez depuis sept ans à comprendre la valeur des carrés construits sur l'hypothénuse. Approchez au céphalomètre !

L'élève tendra son os frontal, et l'instrument fera constater que le jeune Duflanquin, n'ayant pas la bosse des mathématiques, ses parents feront une spéculation magistrale en l'envoyant planter des pommes de terre.

.*.

Jamais il n'y a eu plus qu'aujourd'hui de gens qui ont inventé la poudre, ou du moins qu'ils ont améliorée pour en faire de nouveaux obus, des fusées extravagantes, des projectiles destinés à amener un carapatement général.

Une commission d'artillerie préside journellement à de multiples expériences, et l'on en change souvent les membres, car l'intelligence la mieux douée ne résiste pas au nombre et à la bizarrerie des inventions.

La *Gazette de France* du 30 avril 1632 raconte l'expérience des premières fusées de guerre qui fut faite devant Louis XIII.

Celui-ci, qui était incontestablement plus ignorant des progrès de l'artillerie que le général Boulanger, reçut l'inventeur dans son cabinet royal. Le pyrotechnicien avait apporté une douzaine des nouveaux engins, contre lesquels, affirmait-il en 1632, comme en 1886, aucune fortification ne pouvait lutter.

Quelques courtisans, armés de bougies, vinrent contempler les fusées. Ils les regardèrent de si près que les projectiles éclatèrent. Mais la dynamite n'était pas inventée, et ces fameuses fusées se comportèrent comme des joujoux bénins.

« Messieurs les courtisans en furent quittes, au nombre de quinze, ajoute la *Gazette*, l'un pour son castor, l'autre pour son rabat; mais tous eurent leurs moustaches brûlées. »

28.

Louis XIII, qui était décidément un novateur, les autorisa à garder leur barbe, comme fiche de consolation.

.*.

Les drapeaux des régiments qui ont fait la campagne du Tonkin ont été envoyés à Vincennes pour recevoir l'inscription « Tonkin » à la suite des noms de batailles déjà inscrits sur ces drapeaux.

Quant aux innombrables pavillons jaunes, rouges ou verts que nos soldats ont pris aux Chinois, ils sont aux voûtes des Invalides.

A ce propos, le général Tcheng-Ki-Tong, à qui quelqu'un demandait pourquoi les Chinois avaient autant de drapeaux, répondit courtoisement :

— Il nous en faut un grand nombre... vous nous en enleviez tellement !

.*.

Il paraît qu'à la première vacation de la vente de Cora Pearl, un buste en plâtre la représentant, a trouvé difficilement un acquéreur à 20 francs.

Et pourtant ce plâtre avait une légende : il avait été moulé sur nature, il y a nombre d'années, et un prince en avait offert jadis 5,000 francs !

Mais voilà : le superbe moulage avait depuis longtemps perdu tout point de ressemblance !

* *

Dupotard est une victime des chemins de fer.

— Il y a six ans, raconte-t-il, un accident effroyable me brisa la jambe. Du même coup, ma femme fut broyée. Croiriez-vous que la Compagnie m'a refusé toute indemnité ?

— Faut être juste... Elle a pensé que cet accident vous laissait une consolation !

* *

Aux Tuileries.

Un monsieur obèse reçoit au milieu du ventre un énorme ballon, qui le renverse sur le sol.

— Tiens, fait Gavroche, un inventeur qu'est en train de diriger un ballon !

* *

Une définition quelque peu inconvenante :
— Le suffrage universel : la *voie* publique.

*。*

La commission du budget est à peu près d'accord pour voter l'impôt sur le revenu.

Ce sera simple pour les cocottes. Il est évident que les horizontales de Paris touchent des revenus incontestablement plus forts que celles de Carcassonne. Or, si on loue 1.200 francs un chalet dans la cité de Barbès, le même appartement coûte 12.000 francs avenue du Bois-de-Boulogne.

Cela se compense.

Mais, dans une catégorie plus intéressante, un bourgeois qui vit à Carpentras avec 3.000 francs de rente est infiniment plus riche que le bourgeois vivant à Paris avec le même revenu.

L'impôt sera-t-il le même ?

*。。*

Nous lisons à la quatrième page d'un journal une annonce extraordinaire :

« Une nourrice sèche, parlant l'anglais et l'allemand, pouvant servir de demoiselle de compagnie, demande place pour l'hiver. »

*。。*

M. Ernest Reyer est parti en campagne contre

les pianos et propose de les taxer d'un impôt de 20 francs.

La proposition fut jadis faite par M. de Lorgeril et M. de Gavardie; elle n'eut aucun succès.

Parmi les membres de l'Assemblée nationale, il y avait beaucoup de grands tapeurs.

L'auteur de *Sigurd* est d'ailleurs ingrat. Il réclame l'abolition des pianos. Mais si on lui supprimait le sien, comment pourrait-il terminer *Salambô!*

*<br>* *

On nous envoie de Toulouse un calembour officiel.

M. de Freycinet a été harcelé par les partisans du canal de Narbonne à Bordeaux et, en homme prudent, il n'a rien voulu promettre. Néanmoins, obligé de parler de la question, il hésitait, quand il aperçoit le maire de Toulouse, lequel est brouillé avec un de ces précédesseurs, également présent.

Le président du Conseil, qui sait que l'un est le chef des opportunistes et l'autre le chef des radicaux, a, du coup, contenté tout le monde... et les canalisateurs.

— Messieurs, a-t-il dit d'une voix forte, je bois à l'union des deux *maires!*

.·.

Il résulte de récentes expériences de Laon, que l'on a découvert un nouvel obus contre lequel rien ne peut tenir. Bastions de terre, blindage, glacis, talus, tout est mis en miettes par l'engin en question.

Et pour se prémunir contre les effets de cette nouvelle variation de l'art de tuer, qui pourrait être employée par l'ennemi, on va demander à la commission du budget des crédits qui permettent de refaire toutes nos fortifications.

Pardon! Mais puisque le nouvel obus les détruit toutes?...

.·.

L'hôpital Saint-Louis fit, il y a deux ans, concurrence à l'Opéra avec sa représentation polymorphe. Aujourd'hui, il se pose comme succursale du Musée Grévin.

Seulement, les sujets manquent peut-être un peu d'élégance, s'ils abondent en variété.

Dans une galerie de cinq cents mètres, sont réunies plusieurs milliers de pièces de cire représentant toutes les maladies de la peau.

On ajoute que l'entrée, libre pour les médecins,

serait autorisée pour les personnes qui en feraient la demande.

Merci bien !

*<br>* *

Du reste, comme nous l'a fait remarquer **M.** Prud-homme, la cire joue maintenant un grand rôle dans la réclame.

On peut voir, à travers les rues de Paris, circuler de petites voitures dans lesquelles sont assis quelques nobles voyageurs en cire molle. Ces messieurs tendent des prospectus qu'on est libre de saisir.

Et, au lieu de payer onze ou douze hommes-sandwichs, on n'a à solder que le cocher.

On pourrait peut-être se servir de soldats également en cire pour peupler les remparts des fortifications et faire croire à l'ennemi que les troupes sont toujours sur la brèche ?

Mandrin et Cartouche ont déjà usé de ce truc pour arrêter les courriers et la malle-poste, et cela leur a parfaitement réussi.

*<br>* *

Forinard rentre chez lui vers trois heures du matin. Il a une peur affreuse, en longeant le boulevard extérieur.

Au coin d'une rue, il aperçoit un groupe d'hommes sombres qui paraissent l'attendre.

Forinard, pris d'une indisposition subite et décidé à hurler avec les loups, marche vers eux en criant : « V'là les sergots !...

Les hommes sombres ne détalent pas et cueillent le doux Forinard. C'était, par hasard, des agents de la sûreté !

.·.

Nous lisons dans une feuille très féminine :

« Il y a trois sortes de mollets : les tringles, les piliers et les balustres !... »

.·.

M<sup>me</sup> Popincourt examine une cuisinière qui vient se présenter.

— Ma fille, lui dit-elle, vous n'aurez pas grand ouvrage à la maison, je fais mon marché moi-même.

La bonne, avec dignité :

— Merci !... Si la gratte est pour madame !...

.·.

Gontran se marie demain. Un de ses amis le ren-

contre ce matin, en train de déjeuner avec une im-
pure.

— Tes adieux à la vie de garçon, hein? demande
l'ami.

— Non, je prends un apéritif!

*
* *

Jolis, les *Échos du high-life!* On lit chaque matin
des nouvelles de ce genre :

« Éclipse de lune momentanée. M^lle Nini Bolard
est en villégiature à Nice. »

Comme c'est intéressant pour la France!

*
* *

Lu dans le feuilleton d'un journal très littéraire :
« La princesse Zélie se fâcha avec le prince. Elle
mourut à la suite de ce refroidissement. »

*
* *

Simple constatation.

— Dans la dernière période de septembre, fait
un statisticien, la mortalité diminue toujours.

— C'est bien simple, conclut un philosophe... A

cette époque-là, presque tous les médecins sont à la chasse !

.˙.

Les grands magasins du Louvre organisent, comme les années précédentes, des concerts dans leur hall.

Quel joli sujet pour un peintre de foule, que ces splendides magasins où les femmes se pressent avides de tout acheter. Si le serpent a tenté la femme en lui offrant jadis une pomme, le Louvre séduit le sexe faible en employant des moyens tout aussi insidieux.

Il ajoute à ses séductions un concert. L'an prochain, il offrira un souper monstre à ses acheteuses ! Mais les magasins quelques grands qu'ils soient, ne seraient pas assez vastes, et après s'être annexés l'hôtel du Palais-Royal, il faudrait qu'ils s'ajoutent le Conseil d'État et le musée du vrai Louvre !

.˙.

Comme débiteur, Schabaram est un des plus étranges marchands de lorgnettes qui hument l'oxygène contemporain.

— Moi, quand un créancier a le toupet de m'écrire pour que je le règle, c'est fini, je ne le paie plus...

— Et quand il n'écrit pas...

— Dans ce cas, j'attends toujours qu'il réclame !

***

En correctionnelle :

— Accusé... votre profession ?

— Pédicure de l'homme-tronc !

***

M. et M^me Prudhomme se promènent avec leur rejeton.

— Papa, demande le petit, comment Jonas pouvait-il vivre dans le ventre de la baleine ?

— Mon fils, fait l'immortel Joseph, ta mère t'expliquera plus tard comment tu vivais avant d'avoir vu le jour.

***

Un substitut de province faisait ses débuts en correctionnelle.

Il flétrissait la conduite d'un vaurien qui avait battu son enfant et était en outre un vil paresseux.

D'une voie pathétique :

— Ah ! messieurs, les animaux féroces eux-mêmes gagnent leur pain dans les ménageries !

.·.

A la fête de Neuilly, le matin.

Un affreux bonhomme déguenillé se débarbouille sur le seuil de sa baraque. Un promeneur le reconnaît pour un infirme à qui on a fait l'opération de la trachéotomie et qui joue de la flûte avec son gosier percé.

— Tiens, fait-il, c'est bien à vous à qui j'ai donné deux sous hier. Vous vous reposez ?

— Oui, monsieur... Je n'ouvre ma blessure que dans l'après-midi.

.·.

Barbantons discute avec un marbrier le prix du caveau funéraire de sa défunte.

— C'est un peu cher...

— Voyons, fait l'industriel avec un sourire, trois cents francs, et les clefs en mains !

.·.

Un excellent vieillard manifeste le désir violent de se livrer à des ascensions aérostatiques.

— Monter en ballon... à votre âge ?

— Justement... pour m'habituer à quitter la terre !

*
* *

On parle de la baronne de P..., une coquette qui se défend mal.

— Elle a l'oreille un peu dure...

— C'est vrai, ajoute une amie, mais l'oreille seulement.

*
* *

Le grand Balandard, frais et réjoui, rencontre un ancien camarade.

— Et ça va bien?

— Tu vois..., fait Balandard en montrant un ventre rebondi.

— En effet, ajoute l'ami en tapant dessus, on dirait un salon pour noces!

*
* *

Deux voyous remontent le boulevard extérieur :

— Tu sais, dit un des compagnons, le lundi de Pâques et le lundi de Pentecôte sont déclarés jours fériés...

— C'est ennuyeux, fait l'autre; justement les deux jours où j'avais envie de travailler!

29.

* *
*

Castagnac parle des yeux de sa bien-aimée.

— Ah! mon cher, quelle chaleur!... Rien qu'en regardant le thermomètre, elle le fait remonter de trois degrés!

Calino lit les détails d'un enterrement :

L'ambassadeur des îles Sandwich conduisait le deuil, tête nue, et en habit noir!

— Mâtin! fait Calino, par le froid qu'il faisait! On aurait dû lui faire tenir les cordons d'un poêle... mobile!

Balandard est féroce : il parle de sa femme, un modèle de vertu.

— Une seule fois, en 1855, un homme dont j'ignore le nom, eut l'audace de se jeter à ses genoux... Je fus d'abord très ému.

— Et alors?

— Tout s'expliqua rapidement... C'était son pédicure.

L'autre jour, à l'exposition funèbre de la Morgue.

Un étranger, calme, froid, voit la foule faire queue pour pénétrer dans les salles.

— Tiens! fait-il, y a-t-il quelque chose d'intéressant?

Et du ton le plus naturel, à une grosse dame qui le bouscule : « Vous n'auriez pas un programme? »

*
**

Guibollard va trouver son tailleur à qui il doit trois mille francs : il déclare n'avoir pas un sou à lui donner.

— Voyons, fait Guibollard, auriez-vous confiance en l'État?...

— Certainement...

— Eh bien! vous pouvez bien vous fier à ma parole... je dois beaucoup moins que lui!

*
**

A une des nombreuses inaugurations de statues d'hommes plus ou moins célèbres.

L'orateur (!) fait le panégyrique du grand citoyen :

« Sa vie fut un éblouissement et il parcourut rapidement la carrière de la gloire, bien que son origine ait été des plus obscures... X..., messieurs, fut un train express sortant d'un tunnel! »

.·.

Authentique. Dans un hôtel d'une petite ville normande :

Un monsieur pressé se précipite dans le couloir.

— Les cabinets! demande-t-il d'une voie brisée.

La bonne le regarde d'un air surpris.

— Il n'y en a pas.

— Comment il n'y en a pas!

— Nous n'en avons que pour les chevaux!

.·.

Sur le boulevard extérieur. M. Prudhomme regagne tardivement son domicile.

Un homme portant un vêtement sombre se dresse devant lui.

— Quelle heure est-il?

— Tiens! fait M. Prudhomme d'une voix tremblante, j'allais justement vous le demander.

.·.

Le comte Ernest raconte sa dernière mésaventure :

« Je me ruinais pour la petite Irma. Décidé à la pincer, je lui écris que je ne viendrai pas de la journée.

« Au moment où elle sort de chez elle, j'y rentre et me cache dans un placard de la chambre à coucher.

« Horreur! elle revient... avec un de mes amis.

« Je ne bronche pas.

« Tout à coup on sonne!

« Irma pousse mon ami dans le placard où je suis..

« Je demande à mon ami le silence...

« Un troisième intrus arrive...

« On resonne!...

« Croiriez-vous qu'elle a eu le toupet d'ouvrir encore mon placard?...

« — Assez, madame! lui ai-je dit...

« Et je suis sorti à moitié étouffé! »

*<br>* *

Z... est un bohème sans moralité aucune. Après avoir essayé de faire de la peinture, il s'y est reconnu impuissant; menant une existence dépenaillée, il a fini par se faire arrêter, pour avoir volé un foulard à un étalage.

Le procureur de la République le fustige à l'audience.

— Voyez, messieurs, la décadence d'un homme! Celui-ci commence par faire des têtes; il finit en faisant le mouchoir!

.<sup></sup>.

Bobinet est aveugle depuis seize ans. M<sup>me</sup> Bobinet, sa moitié, est restée la femme la plus insupportable du monde.

— Eh bien! disait hier Bobinet à un ami, tu sais que j'ai peu de plaisir à entendre mon épouse. Malgré tout, ça me serait encore une grande joie de la revoir.

.<sup></sup>.

L'usurier Rapineau se présente chez Gontran, un bon garçon, très viveur, qui dilapide joyeusement sa fortune.

— Oh! oh! fait Gontran... Vous tombez mal... je n'ai pas le sou... Quand j'ai de l'argent, c'est pour mes amis...

— Aussi, fait Rapineau avec un sourire, je ne viens pas comme créancier, mais comme intime!

*
* *

Mᵐᵉ Palandin se plaint amèrement à une de ses amies :

— Hélas! ma chère, dit-elle en versant d'abondantes larmes, je n'ai qu'un mari, et c'est justement celui-là qui est gâteux !

*
* *

Une définition entendue à l'orchestre :
INSTRUMENTS A CORDE. — Musique de chanvre.

*
* *

Pitou cause avec sa payse.

— On a commandé des tableaux pour not' régiment...

— Eh ben, fait la petite, vous êtes un bel homme, vous allez poser comme modèle !

— Me mettre tout nu, répond Pitou; jamais !

*
* *

Deux cocottes parlent du fameux impôt :

— Quel est ton revenu?
— Ça dépend des jours... Et toi?
— Moi, des nuits!

.·.

Entre collégiens :
— Tu as été à Trouville, toi?... Avec qui donc?
— Avec maman.
— Moi, j'ai été à Cauterets avec la grande Pa-
méla!

.·.

Cabantous parle d'une jeune fille qu'on voulait
lui faire épouser.
— Mon bon, raconte-t-il, elle était tellement os-
seuse, que j'aurais été obligé de faire mettre un
filet pour pouvoir tomber sur elle sans me faire de
mal!

.·.

Le docteur Z... écrit à un ami qu'il lui est absolument impossible de venir dîner, étant obligé d'aller embaumer un client.
— Tiens, fait l'ami, je ne savais pas qu'il reliait
ses ouvrages!

*  
* *

Sur le boulevard.

— Mon cher, je suis navré...

— Ah bah !...

— Ma femme avait été enlevée par un Brésilien...

— Je le savais.

— Elle m'écrit qu'elle revient... L'autre n'en veut plus !

*  
* *

Un monsieur se promène, sur le boulevard, au bras de sa femme.

Passe une petite marchande de fleurs.

— Premières violettes !... Fleurissez-vous !... Deux sous le bouquet !...

— Mais non, fait le monsieur, nous sommes mariés !

*  
* *

On court chez le docteur X... M. Taupin est subitement atteint d'une maladie terrible.

Le docteur arrive, mais un domestique vient à lui tristement.

— Monsieur Taupin est mort...

— Comment ! fait le médecin, avant que je l'aie soigné !

..

Cabassol et Cabantous parlent de carnage et de combats.

— Moi, fait Cabassol, j'ai pour principe de ne jamais frapper mon ennemi par derrière.

— C'est juste, ajoute Cabantous, il n'aurait qu'à se retourner !

# TABLE DES MATIÈRES




PARIS. — IMP. C. MARPON ET E. FLAMMARION, RUE RACINE, 26.